Z世代のネオホームレス

自らの意思で家に帰らない子どもたち

青柳貴哉

第2章

タイトロープを渡って

第3章

推し活の果てに

はじめに

その男性は、ゴミ捨て場を漁っていた。

場所は新宿・歌舞伎町の入口あたり。2016年の冬、寒い夜だったが、新宿の街はいつものように浮かれていた。パチンコ店やドン・キホーテなどの建物が立ち並ぶ靖国通り沿いには、多くの通行人が楽しそうに行き交っている。

ゴミ捨て場をうろうろしていた男性の年齢は、僕よりも一回り上の50代だろうか。おぼつかない足取りと手つきで、口を結んで捨ててあったゴミ袋をひとつひとつ丁寧に開ける。食べられそうなものを見つけると口に入れたり、持っていた別のビニール袋に移したりする。

僕は、その様子を道路の反対側に停めてあるアルファードの運転席から眺めていた。

その年、吉本興業所属のお笑い芸人として7年目の冬を迎えた僕は、毎日のようにアルバイトに明け暮れていた。お笑いだけで生活するなんて、夢のまた夢。これまでにやってきたアルバイトの職種は多岐にわたる。渋谷の映画館の案内係、下北沢のバーテンダー、アイドル現場のチェキスタッフ、秋葉原の限定フィギュア発売日の並び、歌舞伎町の違法なギャンブル店の並び、AV女優のマネージャーなど、単発のバイトも加えると数えきれないほどだ。街中で簡単に手に入るような求人情報誌に載っているアルバイトよりも、人づてに紹介される〝怪しいアルバイト〟の方が報酬はよかった。法令違反になるような内容であってもお構いなしに、僕はお金がもらえればなんでもやった。そう、僕は生活にかなり困窮しており、お金に困っていた。

そんな僕がアルファードの運転席に座っていたのは、お金持ちの運転手という割のいいアルバイトの最中だったからだ。移動するだけならタクシーを使えば済むのに、お金持ちは運転手を雇う。その理由は1つしかない。飲み屋のお姉ちゃんや集まった仲間たちから「運転手いるなんてすげーな」という羨望の言葉が欲しいからだ。つまり僕は、お金持ちの〝見栄〟のために呼び出され、幾ばくかのお金を手にするためにハンドルを握るのだ。

お金持ちに雇われる運転手は、その他の〝怪しいアルバイト〟と比べると、とても楽な仕事だった。お金持ちは僕の3つ年下で、由緒正しい家に生まれたお坊ちゃん。性格も穏やかで、言葉遣いも優しく、知性があり、決して法律を犯すようなタイプではない。移動のほとんどは新宿から六本木、新宿から麻布など近場ばかり。新宿のエリア内で移動するだけに呼ばれたことも何度かあった。目的地のキャバクラやクラブにお金持ちを送り届けると、車内で数時間待機。その間はシートを倒してスマホを眺めたり、漫画を読んだり、適当に時間を潰す。お金持ちが店を出るタイミングになったら店の前に車をつけて、家まで送り届ける。時給に換算すると多い時は5000円を超えることもあった。難しいことは何もない、割のいい楽なアルバイト。だが、僕の自尊心やお笑い芸人としての矜持、人としての尊厳は、自分でも気づかないくらい少しずつ蝕まれていった。その要因となったのは、やはりというか当然というか、〝お金〟にまつわる感情だった。

時々、お金持ちから飲み終わりに仲間を送って行くよう指示されることがあった。その際「僕の運転手は芸人なんだよ。青柳さん、彼に何か面白い話を〜」「何か面白いギャグを〜」などと注文されることも少なくない。それに応える度に「つまんなーい」「本当に芸人?」と幾度となく言われた。もちろん最初は傷ついたし、殺意すら覚えた。しかし、人間とは恐ろしいものだ。そのうち僕はこんな注文やリアクションに何も感じなくなっていったのである。

「今だけやり過ごせば高いお金がもらえる。だからこの瞬間さえヘラヘラしていれば、こんな都合のいいバイトはない。この仕事を失いたくない」

この思考を繰り返しているうちに、僕はいつしかお金のためなら自尊心や尊厳など、そのすべてを手離せる人間になっていた。自分自身が憧れていたお笑い芸人像からはかけ離れてしまっていた。気がつけば齢35歳。芸人という生き方、これからの人生に対する焦りや不安すらも、もはやなくなっていた。というより、〝感じることができなくなっていた〟という方が正確だろう。芸人として大切な矜持をお金のために捨てることで、心が完全に不感症になっていた。お金をもらえるのなら僕は何の疑問も持たず、自分の尊厳を売り払える人間になっていたのだ。

話を戻そう。

アルファードの運転席でお金持ちからの連絡を待ちながら、僕はゴミを漁っている男性の姿を見ていた。最初はただただぼんやりと、運転席の窓から見える街並みを眺めていただけだ。お金持ちが戻ってきた時に寒くないように、車のエンジンはかけたままにしてある。自分に嘘をつきすぎて心を失ったせいか。アルファードのシートまで温める高機能な暖房のせいか。僕は何を考えるわけでもなく、嬉しいも悲しいもなく、ただ運転席から窓の外をぼんやりと眺めていた。道の反対側でゴミ捨て場を漁っている男性の存在に僕が気づいたのは、車を停めてからしばらく経ってからだったような気がする。

寒いだろうなあ。
何食べているのかなあ。
かわいそうだなあ。

気がつけば、男性を見ながらそんなことを考えていた。ぼんやりと。

アルファードの車内には、待機時間を快適に過ごすために用意したさまざまなお菓子がある。僕はその中からチョコレートを1つ手に取った。暖房で暖められた生ぬるい空気のせいで少し朦朧としながら僕は運転席のドアを開け、車を降りるとふらふらとその男性に近づいた。アルファードの車内からは想像もできないほどの冷たい空気が、僕の頬を刺す。男性まで1メートルの距離まで近づいたところで、僕は声をかけた。

「あのー、よかったらこのチョコレート食べますか?」

男性は眼球だけをギロリと動かしてこちらを睨んだ。ゴミを漁る手は止めず、黒ずんだ顔の中で、驚くほど白い目が僕をまっすぐ見据える。しかし、その視線はすぐに僕から離れて、またゴミ袋の方へと戻っていった。男性が僕に目を向けたのはほんの一瞬。あまりにも短かったので、僕は男性に睨まれたことが見間違いかとすら思った。

「あれ、聞こえなかったのかな?」

僕はもう一度男性に声をかけた。

「あのー、このチョコレート……」

再び僕が声をかけた次の瞬間。

「◎△$♪×¥●&%#?!!!!!」

寒空の新宿にとんでもない怒鳴り声が響き渡った。男性には歯がなく、何を喋ったのかまったく分からない。ただ、僕にむき出しの敵意を向けていることだけははっきりと分かった。ぬるっとした気分のまま半ば朦朧としていた僕の意識は、その怒声で瞬時に引き戻される。僕は硬直したように、その場に立ち尽くすことしかできなかった。


え？　なぜ？

どうして怒られた？

何か悪いことをしてしまった？


僕は訳が分からずパニックに陥ったが、すぐに男性はゴミを漁る作業に戻っていった。その姿は声をかける前と寸分の違いもない。あまりにも唐突な出来事で、僕は悪い夢でも見たかのような感覚になった。ゴミを漁りながら、時折男性の目だけがこちらをギロリと睨む。目と目が合うと僕の足が少しだけ震える。先の出来事が夢などではなく現実に起きたことなのだと、僕は足の震えを感じながら確認した。

僕はチョコレートを握りしめたまま、暖房の利いたアルファードの中に逃げるように戻った。そのうち男性はゴミ漁りの作業を終え、収穫を詰め込んで大きく膨らんだビニール袋をぶらぶらさせながら夜の街に消えていった。僕はサイドミラー越しに、その男性の姿が見えなくなるまで食い入るように見つめていた。

男性がどこかへ行ったあとも、僕はもやもやとした気分で考え続けた。

男性はなぜ怒ったのか？

お金のためなら自我や自尊心の類を簡単に手離せた僕には、男性の怒りの理由が思い浮かばなかった。


それからというもの、〝ホームレス〟という存在が僕の脳裏に何度も浮かんでくるようになった。路上に敷かれた段ボールや首都高速高架下の寝床を見つけると、気になって足が止まってしまう。歩き慣れた場所、行き慣れた街、あるいは今まで気にも留めなかった場所に、ホームレスが多く存在していることに気づくようになった。

男性の怒りの理由を知りたくて、GoogleやYouTubeで「ホームレス　怒る」「ホームレスプライド」など的外れな検索もしてみた。今でこそホームレスを取り上げたYouTubeチャンネルも多く存在するが、当時はほとんど見当たらず、僕が知りたい答えは得られないままだった。それだけでなく、ホームレスのことを知ろうとすればするほど、彼らに対する疑問や謎、頭の中の「?」が増えていった。

そして僕は、2020年4月にYouTubeで「アットホームチャンネル」を開設した。

2023年3月現在までに130本ほどの動画を投稿。そのすべてがホームレスやその関係者のインタビュー動画である。前述の通り、ホームレスに関するチャンネルは数年前までは珍しく、「アットホームチャンネル」は動画再生数、チャンネル登録者数ともにあれよあれよという間に伸びていった。

「なぜこのチャンネルを始めたのですか?」と聞かれることも増えた。質問した方々はもしかしたら「ホームレスを救済することが目的」という分かりやすい返答を期待していたかもしれない。SNSで視聴者の方々とやり取りをしていても、そのように感じることは多々ある。しかし、残念ながら僕は誰かを救えるような人間ではない。僕のような者が誰かを救おうなどと考えているとしたら、おこがましいにもほどがある。僕はそんな大した人間ではない。

ではなぜこのチャンネルを始めたのか?

それは〝あの日に出会ったホームレスの怒りの理由〟が知りたかったからだ。

知りたいという自分の欲求を満たす、極めて個人的な理由で僕は「アットホームチャンネル」をスタートしたのだ。

そういう思いだけで始めたチャンネルだが、「動画を見てからホームレスに対する見方が変わりました」「他人事《ひとごと》とは思えなくなりました」といった温かい言葉が視聴者から届くようになった。なるほど。僕がホームレスについて知っていくことで、視聴者のホームレスに対する偏見や決めつけが払拭されていくのだ、と思った。これは本当に予想外で、この上ない喜びだった。ここまで継続できたのは、そういった温かい言葉があったからに他ならない。

チャンネル開設から現在に至るまで、僕が取材したホームレスは100人を超える。

なぜホームレスをしているのか？
今収入はあるのか？
寝泊まりはどこでしているのか？

話を聴くうちに、あの時に抱いた「？」が少しずつ解けていった。

ホームレスになる理由は家庭環境、雇用問題、健康状態、個人の性格などケースバイケースでさまざまあるが、共通して言えるのは〝お金〟を中心として起きる現象、ということだ。
もちろん、中にはお金に困っていない生活を捨てて、自らホームレスになる道を選択した方もいた。働けば稼げるが、お金に縛られる資本主義的な生活から離脱したい。それこそがホームレスになった理由だという方も確かに存在する。だが、それも詰まるところ〝お金〟に起因していることには違いない。

取材を重ねるにつれて、僕が抱いていた「?」に対する答えが少しずつ見つかっていき、その一方で新たな「?」も僕の中に生まれてきた。

それは、いわゆる〝Z世代〟のホームレスの存在である。Z世代という言葉に明確な定義はないが、今の日本では概ね1990年代中盤から2000年代に生まれた現在10代から20代の若者を指している。

ホームレスとして生きるZ世代の若者たちを取材していると、年配のホームレスとは異質な印象を受ける。帰ろうと思えば帰れる実家はあるのに家に戻ろうとしない少女。裕福な家庭に生まれて、アルバイトで毎月ある程度の収入を得ながら歌舞伎町に通う少年。「ホームレスとは?」という問いに対し、「お金がない」「家がない」「頼れる人がいない」といった、おおよそ想像し得る分かりやすい答えが何一つ当てはまらない彼らは、言わば〝ネオホームレス〟とも呼べる存在かもしれない。

僕にそう思わせるきっかけをくれたのは、ある15歳の少女だった。

若い、いやまだ子どもとも呼べる彼女らがなぜホームレスを選んだのか？

その答えを僕なりの言葉で書き記していこうと思う。

青柳貴哉

500万再生のトー横キッズ

月収60万でホテル暮らしの15歳少女

第1章

お姉さんはトー横キッズですか？

モカさん（仮名・当時15歳）に取材した日のことは、今も僕の心に印象深く残っている。そのインタビュー動画は500万回再生を超え、僕のチャンネルで最も試聴されている。さまざまなメディアでも取り上げられ、大きな反響を呼んだ。本書において、彼女のことに触れないわけにはいかないだろう。僕が彼女と出会ったのは2022年2月の終わりだった。

その日の昼12時、僕はJR新宿駅の東南口でホームレスの取材をスタートした。しかし、この日はことごとく取材を断わられた。取材を承諾してくれる人が一向に見つからない。東南口から東口へ、東口から西口へ、そして西口から歌舞伎町へと向かう間、10人ほどのホームレスに声をかけてみたものの、良い返事をもらうことができなかった。すでに時計の針は15時を回っている。2月の寒さは厳しかったが、3時間も歩き回った僕のシャツの背中にはほんのりと汗が滲んでいた。

歌舞伎町の中へと入っていった僕は、ゴジラの頭部を象《かたど》った巨大なオブジェで知られる新宿東宝ビル、通称ゴジラビルの植え込みのあたりにたどり着いた。腰ほどの高さまである植え込みの側面にもたれかかり、少しだけ足を休める。3時間歩き回ったのに取材対象者を見つけられず、僕は疲れと焦りを感じながら「ふぅ」と弱々しく息を漏らした。腰かけるのにちょうど良い一段低い高さの植え込みもあったが、そちらの植え込みには囲いの上部にトゲ状の突起が付いていた。そのトゲトゲを眺めているうちに、最近よく耳にする言葉がふと脳裏に浮かんだ。

「今、トー横キッズっていう集団が歌舞伎町にいて、すごいらしいよ」
「10代で家に帰らず、ネカフェで生活してる子もいるんだって」
「取材してみてよ」

ホームレスを取材している僕に、そんなふうに声をかけてくる人も少なくなかった。聞かされた時には興味を抱きつつも「へー」と受け流していたが、今まさに自分がいる場所こそが、そのトー横だった。目の前にあるトゲ状の突起は、若者が座り込んでたむろするのを防止する目的で、数年前に植え込みに付けられたものだったはずだ。

トー横界隈とも呼ばれる新宿東宝ビル周辺の地理をあらためて整理しておこう。ビルの西側は歌舞伎町一番街と呼ばれるエリアで、位置的には歌舞伎町の中心に近い。かつてコマ劇場前広場と呼ばれたシネシティ広場もビルの西側にあり、通りの両サイドは飲食店などの看板で埋め尽くされている。一方、ビルを挟んで正反対に位置する東側には、僕がもたれかかっていた植え込みがある。このあたりも歌舞伎町の一角には違いないが、西側の派手な光景と比べると東側はわずかに〝裏路地〟の雰囲気が漂う。このトー横界隈に集まる少年少女たちは数年前から「トー横キッズ」と呼ばれており、警視庁による一斉補導などもニュースになっている。

トー横キッズ、か。

僕はそれまでの徒労感を振り払って、あらためて一帯を見回してみた。噂で聞いていたトー横という場所は、平日の昼間ということもあって人気《ひとけ》はまばらだ。時折、お金で結ばれているであろう男女がホテル街に続く細い路地の方に消えていく。

しばらく周辺をうろうろしていると、閑散とした通りを一人の若い女の子がスマホを触りながら歩いて来る。僕は咄嗟に声をかけてみた。

「すみません。お姉さんはトー横キッズですか?」

突然かつ直球な質問にもかかわらず、僕の呼びかけに彼女は足を止め、スマホから顔を上げる。彼女の表情からは驚いたような様子は見受けられなかった。

「はい」

彼女はごく自然に僕の質問に答える。たったこれだけのやり取りから、路上で声をかけられることに慣れているのだろう、と僕は感じ取った。

「トー横キッズの方ってネカフェとかホテルとかで生活してる人が多いと伺ったんですが、お姉さんもそういう場所で寝泊まりしてるんですか？」という少し踏み込んだ質問にも、彼女は間髪《かんはつ》をいれず「はい」とだけ答えた。

これが彼女、モカさんとの出会いだった。

パパ活で平均月収60万円の15歳

すぐに僕は、自分が何者であるかを説明した上で、モカさんに取材交渉を試みた。彼女は悩んだり考えたりする素振りは一切見せず、それまでと同じトーンで「いいですよー」と了承してくれた。それは内容を理解して快諾したというよりは、「どうでもいいですよー」に近いような印象を受けた。投げやりというほど後ろ向きでもなく、興味津々というほど前のめりでもない。「よく分からないけど暇だし、まあいっか」くらいの気持ちで僕の取材に付き合ってくれたのかもしれない。

「もう2年くらい家には帰っていません。良く言えばホテル暮らし、悪く言えば家出少女」

取材を始めると、彼女はそう切り出した。僕は家出少女の〝少女〟の部分が気になった。雰囲気から彼女が若いことは察知していた。肩まであるミディアムヘアの毛先は赤く染められていて、その赤に合わせるかのように黒いパーカーには、紫やピンクという刺激的な配色のキャラクターが所狭しとプリントされていた。黒のスカートの丈は短い。髪を後ろで束ねるリボンも黒、足元のスニーカーも黒い厚底、彼女の小さい顔の半分を覆うマスクも黒だ。いわゆる〝地雷系〟と呼ばれる出で立ちだった。僕は「かなり若いな。19歳、いや18歳くらいか？」と予想しながら「今、何歳ですか？」とあらためて年齢を確認すると、モカさんはまたもやはっきりと淀みなく、こう答えた。

「15歳です」

彼女は中学3年生だった。頭の中が真っ白になったあと、僕は大混乱に陥った。「え？　中学生ってYouTubeに出ていいんだっけ？」「え？　中学生って撮影したら捕まるんだっけ？」などという素《す》っ頓狂《とんきょう》な疑問が頭を駆け巡った。彼女の年齢を10代後半と予想していた僕の認識はグニャリと歪んだ。

モカさんの年齢を聞いて僕は分かりやすく動揺し、会話もしどろもどろになりかけていた。そんな僕にお構いなしの様子で、彼女はつらつらと自分の生い立ちを語り始めた。

モカさんが初めて歌舞伎町に来たのは小学4年生（10歳）の頃。両親はいるが二人とも本当の親ではないこと。その両親の虐待から逃げるように出た実家には、2年ほど帰っていないこと。血の繋がった本当の父親からは性的虐待を受けていたこと。現在はパパ活で生計を立てていること。平均して月60万円は稼いでいること。

そして、昔も今も、ずっと〝死にたい〟と思っていること――。

彼女の話は、そのすべてが驚きと衝撃の連続だった。15年という人生の中でモカさんの経験したことは、その倍以上生きている僕の理解をはるかに超えていた。

両親の虐待から逃げ込んだのは歌舞伎町

モカさんの両親は、離婚・再婚を繰り返し、彼女の父親や母親はその都度替わっている。母親が最初に結婚した男性との間にモカさんのお兄さんが産まれた。その後、二人は離婚。お兄さんを連れた母親は別の男性と再婚し、その再婚相手との間にモカさんが産まれた。そして再び母親は離婚することになり、モカさんとお兄さんは今度は父親の方についていった。この時点でお兄さんと父親の間に血の繋がりはなくなっている。さらにその父親が別の女性と再婚し、またもや離婚。この時はモカさんだけが母親に連れられ、お兄さんは家を出ていった。その母親がさらに再婚し、現在に至る。よって、モカさんと現在の両親との間に血の繋がりはない。

あまりにも複雑すぎる家庭環境。

この話をしながら、モカさんは笑っていた。その表情は、自分の生い立ちに呆れているようにも見えたし、「私ってめんどくさいでしょ?」と訴えかけるような自虐的な笑みにも見えた。彼女は今まで幾度となく、他人に自分の境遇を話してきたのだろう。この話を打ち明ける時、耳を傾ける相手には血の繋がった本当の両親がいて、温かい食事や温かい布団があって、というケースも多かったのではないだろうか。ちょうどこの時の僕と同じように、モカさんの話に相槌を打つのが精一杯、という引きつったような相手の表情を、彼女は何度も見てきたのだろう。そのたびに「あなたは普通じゃない」と突きつけられたような、あるいは「かわいそうだね」と同情されたような、そんな気持ちを15歳の少女が抱いたとしても不思議ではない。自分の生い立ちを話すモカさんの笑顔は、僕にそう思わせた。それほどに、15歳とは思えない悟りきった笑顔だった。

そんな特殊な環境の中で育ったモカさんにとって、同じ境遇でともに育ったお兄さんだけが唯一の理解者であり、拠り所であったようだ。

「お兄ちゃんと私はお父さんが違うんです」

「お兄ちゃんが家を出たのは15歳。今の私とちょうど同じ歳でした」

モカさんはたびたびお兄さんを引き合いに出しながら、自分の過去を語っていった。彼女が歌舞伎町に通うようになったのも、お兄さんがいたからだという。

「私、両親は嫌いだけど、お兄ちゃんだけはすごい好きだったから、お兄ちゃんのいる歌舞伎町に行こうと思ったんです」

血の繋がりがない両親との生活は想像を絶するものだった。彼女は両親から毎日のように虐待を受けていた。そんな両親から逃げるように初めて千葉の実家を飛び出したのは10歳、小学4年生の頃。モカさんが向かった先はお兄さんのいる歌舞伎町だった。

15歳で家を出たお兄さんはさまざまな仕事を転々としたあと、歌舞伎町でホストとして働くようになっていた。モカさんは「歌舞伎町」「ホスト」などのキーワードだけを頼りに、なんとかお兄さんの働くホストクラブにたどり着く。10歳の女の子が初めて目にする歌舞伎町はどのように映ったのだろうか。僕はお兄さんから「早く家に帰れ」と言われなかったか聞いてみた。

「言わないですね。両親がやばい人だって知ってるんで」

お兄さんも同じ境遇で育ち、両親から逃げるように15歳で家を出ていた。モカさん曰く、再会した時にお兄さんは店でも人気の売れっ子ホストになっていたという。過酷な生活環境から15歳で飛び出したお兄さんは歌舞伎町にたどり着き、言うなれば歌舞伎町に救われていたのだ。そんなお兄さんが同じように両親のもとから逃げてきた妹に対して、家に帰るよう促すはずがないし、モカさんを家に帰すよりも歌舞伎町に留まらせる方が安全だと考えたのかもしれない。とにかく、10歳のモカさんは歌舞伎町に入り浸るようになった。

中学3年生のモカさんに学校について尋ねてみると、こんな答えが返ってきた。

「私、小学校4年生からほとんど学校には行ってないんですよ」

ホストのお兄さんの仕事が終わるのはいつも朝方で、モカさんはそれまでの時間を歌舞伎町の路上やネットカフェで過ごしていた。時には、ホストクラブのバックヤードでお兄さんの仕事が終わるのを待たせてもらうこともあるそうだ。もちろん警察に補導されて、実家に連れ戻されることも何度もあった。しかし、そのたびに実家を抜け出し、お兄さんのいる歌舞伎町へと舞い戻る。そんな日々を繰り返してきた。結果、歌舞伎町にたどり着いた10歳から今まで、学校にはほとんど行っていないという。

トー横界隈の古株と思われたくない

諸説あるが、「トー横界隈」や「トー横キッズ」といった言葉やカルチャーが生まれたのは2019年頃。モカさんと僕が出会ったのは2022年で、彼女が歌舞伎町に通うようになったのがそこから5年前。出会ってから1年が経ちこの本を執筆している2023年から数えると6年前の2017年。モカさんが歌舞伎町で過ごすようになった当初、まだ「トー横界隈」や「トー横キッズ」という言葉は存在しなかったのではないだろうか。当時の彼女がここで知り合った家出少年・少女のコミュニティこそが「トー横界隈」の走りであったに違いない。

今ではトー横界隈と呼ばれるようになった植え込みの近くに座るモカさんに、僕は「じゃあ古株ですね。トー横界隈のスタート時からいるんだから」と何気なく言った。するとモカさんは、少しだけ困ったような素振りで、髪をいじりながらこう答えた。

「うーん……。それ（古株であること）を言うと、みんな怒るんですよね。古いからってイキがってるなよみたいになるんで。そういうのはみんなには言わないようにしてます」

僕は驚いた。自分の知る限り、どの世界も長くいる者は敬われるのが自然な風潮だろう。しかし、トー横界隈にはそんなものはないようだった。近年「マウント」という言葉をよく耳にする。今の若い人たちはマウントに特に敏感という印象を受ける。年配者であっても、人はマウントを取ろうと機会をうかがい、誰かにマウントを取られることを恐れ、マウントを取ろうとする者は敵と見なされるケースも多い。トー横界隈も例外ではなく、あいつはマウントを取ろうとしている、と思われるだけで周囲から敵意を向けられる対象になりかねない。それを恐れてモカさんは、自分が数年前から歌舞伎町に通っていることを周りには隠していた。

反対に、最近になってトー横にやって来る子に対して、モカさんは自分との違いを感じているという。新しい子たちのことをモカさんは「新規」と呼んだ。

「TikTokとかで動画が上がってるから、トー横にあこがれてる子が増えちゃって。家庭環境が悪いわけでもないし、本人にとっては辛いんだろうけど、食べるご飯があって帰る家があるのに『死にたい』って言ってる子たちも最近は増えてきました」

さらに「新規同士でマウントを取り合うケンカもある」とモカさんは教えてくれた。

夜はホテルかカスタマ

では、現在の彼女は歌舞伎町のトー横界隈でどのように生活しているのか。

僕が「今はどこに行こうとしてたんですか?」と尋ねると、「トー横に人がいなかったら広場の方に行こうかなーと思って」と屈託のないしゃべり方で応じるモカさん。トー横の路地の一角に着くと、彼女はパーカーの袖から小さな手の先っぽだけを出して両腕を広げ、「ここが、いつもみんないる場所」と教えてくれた。その時には仲間たちの姿は見当たらない様子だったが、モカさんは「あ、夜はいっぱいいますよ」と付け加える。

彼女によると、トー横界隈には同じような境遇の仲間が集まっており、夜はホテルの1室を割り勘で借りて、寝泊まりに使っているという。ネットで予約した部屋に複数の若者たちが出入りする形だ。支払いは自動精算機という場合も多いが、ホテルのフロントなどに出向く場合は、成人している仲間がやってくれる。ホテルだけでなくネットカフェの狭いブースを複数人で使い回すこともあるらしい。ちなみに、一般的なホテルやビジネスホテルの場合、1室を複数人で使うのは利用規約違反になる。もちろん、1室2名といった宿泊プラン通りの適切な使用であれば問題ないのだが、ホテル側に無断で複数人が部屋に出入りして寝泊まりするというのは、宿泊者名簿の記載を宿泊施設に義務づけている旅館業法、1部屋あたりの利用人数を制限する消防法などに触れる法令違反となる行為だ。２０２２年4月には警視庁立ち会いのもと、トー横界隈近隣のホテルに新宿区の立ち入り検査が入ったこともある。

モカさんから話を聞いているうちに、少しだけ雨がパラついてきた。降り始めたばかりの小雨とはいえ、冬の雨は冷たい。僕はモカさんといっしょに雨をしのげる場所へ移動することにした。トー横の路地を歩きながら、世間話をするように取材を続ける。

「トー横キッズの人たちって雨が降り出したらどこに移動するんですか？」

「雨が降ったら……ホテルに戻るか、ドンキとか、ゲーセンとか」

「あ、なるほど。でも夜になると(ゲームセンターは)閉まっちゃいますよね」

「夜は、雨でも外にいる子もいるし、ホテルに帰る子もいる」

濡れてしまうのが気になるのか、モカさんは前髪のあたりを手でカバーしながら話を続ける。

「ホテルにも10人くらい集まってるんで、別に中にいようと外にいようと楽しさは変わらないんですよね」

そう言ってモカさんは笑う。歩いていると「CUSTOMA」というアルファベットが並ぶ看板が見えた。ホテル代わりに使っているネットカフェのことをモカさんが「カスタマ」と呼んでいたことを思い出す。

「あ、ひょっとしてあれですかカスタマって」

「そうです。カスタマっていっぱいあるんですよ。これは『グラン』

彼女が教えてくれたように、店舗の正面に「GRAN CUSTOMA」という文字が照明によって明るく輝いている。あとで調べてみたところ「カスタマカフェ」は東京、埼玉、千葉のターミナル駅を中心に店舗を展開する漫画喫茶・インターネットカフェで、歌舞伎町の「GRAN CUSTOMA」には、複数人で泊まることができる広めの個室、シャワー、ランドリーなどがある。トー横キッズの寝泊まりには確かに便利な施設だ。

モカさんは、トー横界隈のことを何も知らない僕の質問に、嫌な素振りを見せずににこにこと付き合ってくれた。僕らは近場にあったビルのひさしの下で雨宿りしながら取材を続けた。

性的虐待は〝私への愛情〟

僕は、彼女と会った直後に交わした会話を思い返した。両親がいる家に近寄らず「一番最後に帰ったのは2年前」だとモカさんは話していた。

歌舞伎町で10歳から現在まで約5年間もの期間を過ごし、直近2年間は一度も家に帰っていないと語った彼女。「さすがにご両親から連絡があるのでは？」と聞くと、モカさんは食い気味に「ないです」と答えた。その瞬間だけ、彼女の目が少しだけ曇って見えた。取材中にどんな質問を投げかけても、飄々と、淡々と、時にはにこやかに答えてくれた彼女が、この時だけは胸の内に渦巻く激しい感情を露わにしたように僕には思えた。

両親からの連絡は「ない」と言い切ったモカさんは少しの沈黙のあと、こうつぶやいた。

「どうでもいいと思う……」

これを聞いて僕は、両親が自分の娘のことをどうでもいいと思っている、という嘆きの言葉だと理解したのだが、もしかしたら彼女が両親のことを「どうでもいい」と突き放していたのかもしれない。

現在の両親はモカさんに対して無関心だという。

モカさんは精神科病院に5ヶ月間ほど入院した経験がある。僕が話を聞いたのが2月で、前年の年末まで入院していたという。つまり、両親のもとに帰らずにいるこの2年の間に起きた出来事だった。当然、両親にもモカさんの入院を知らせる連絡が入ることになったが、その時の両親の振る舞いをモカさんはこんなふうにばっさりと切り捨てた。

「心配なフリだけして、迎えに行くフリだけして、終わり」

両親は病院の職員に対して世間体を気にして「心配なフリ、迎えに行くフリ」をしているのだと彼女は淡々と話した。そうした大人に対する諦めや、ある種達観したような観察力は、彼女が親から虐待を受けていたことと無関係ではないように僕は感じる。

こんな話を聞いたことがある。

虐待を受けながら育つ子どもは、自分の身を守ろうとする防衛本能によって「どうすれば愛されるのか？　愛してもらえるのか？」ということに注意を向けるようになる。その結果、周囲の大人に対する観察力が異常に発達するという。

さっき出会ったばかりの間柄に過ぎない僕の質問に対して、複雑すぎる家庭環境や入院歴といったプライベートな事情をモカさんは語ってくれた。彼女は達観した観察力によって、僕のことを「危ない大人ではない」と判断してくれたのかもしれない。僕の方も、モカさんの過剰に赤く塗られたアイシャドウに慣れてきた気がした。

続けて、モカさんは実の父親との間に起きた出来事を僕に打ち明けてくれた。

「実の父親から性的虐待を受けていたんです」

モカさんの実父は、母親に性的虐待を、モカさんに対しては殴る蹴るなどの暴力を振るっていたという。そんな生活が続いたあと、両親は離婚。父親に引き取られたモカさんは、これまでの殴る蹴るの暴行に加えて、性的虐待も受けるようになった。父親からの性的虐待という過去を、取材しながらある程度は想定していたので、モカさんの告白した内容を僕は静かに受け止めた。だが、僕にとって衝撃的だったのは、彼女が辛そうな様子をほぼ見せなかったことだ。

「普通ではないと思ってたけど、これがお父さんから私への本当の愛情なんだなと思った」

モカさんは、まるで父親と遊園地に行った記憶を思い出すかのように、軽やかな表情でそう語った。幼少期から殴る蹴るなどの虐待を受けて育った彼女にとって、唯一父親が〝優しく〟

接してくれた時間だったのではないだろうか。だからこそ、客観的に見れば性的虐待でしかない出来事が、彼女にとって〝父親との楽しかった思い出〟に変換されている。そんなふうに思考を巡らせると同時に、僕は心の底から違和感を覚えずにはいられなかった。父親からの性的虐待について話すモカさんの顔には、中学生らしいあどけない表情が浮かんでいたからだ。

道端に立つ10代の女の子たち

実父からの性的虐待という体験を、モカさんは成長するにつれて〝異常な出来事〟として認識するようになる。そして、中学1年生になった彼女は、自分が同性愛者だと気づき始めた。

父親による性的虐待に加えて、モカさんは歌舞伎町に入り浸るようになってからは〝パパ活〟で生活費を稼いでいた。〝パパ活〟とは、経済的に余裕のある成人男性といっしょに時間を過ごし、その対価として金銭を得る活動のことを指す。得られる金額は内容によって異なり、食事だけなら1万円、性行為があれば3万円など、パパ活というカジュアルで便利なパッケージの裏でさまざまな取引がなされている。

モカさんはトー横界隈の仲間たちと数人でホテルやネットカフェを泊まり歩いているが、そのたびに宿泊費として最低でも1000円はかかる。寝る場所だけで一日1000円、月で考えれば3万円。さらに食費や携帯料金などもかかる。こうした費用をまかなうためにモカさんはパパ活で生計を立てていた。

「(私、)男の人(に対して)は、自分の体さえあればなんとかなるんだなって思っちゃってる」

これが、モカさんが一連の経験から出した答えだった。

「そう思うから男の人を好きになれないのかな」
「自分は、そういうことをされるから価値があるし、そういうことをされなかったら価値がないんだなって思う」

モカさんがパパ活を始めたのは13歳の頃。自分が同性愛者だと悟ったのも、同じく13歳の頃だった。おそらくこの時期までに、男性の〝いろいろな部分〟を見すぎてしまったことが、モカさんの恋愛観に大きな影響を与えたのだろう。念のためにはっきりと記しておくが、同性愛者であると自覚することは悪でもないし罪でもない。

モカさんは1回のパパ活で約2万円を稼ぐ。月で計算すると月収は平均60万円。大手企業の部長クラスに等しい金額を中学生が稼いでいることに、僕は驚きを隠せなかった。

最近では、パパ活をしたい女の子と経済的に余裕のある男性とのマッチングをサポートするアプリやサイトが多数存在している。こうしたサービスを活用するのがパパ活の主流となっているが、どのサービスも成人であることを証明する身分証の提示が必要だ。中学生であるモカさんは身分証を持っているわけもなく、そもそも彼女は成人ですらない。この手のサービスを利用できない彼女は、もっぱらSNSと路上でパパを見つけているらしい。これはモカさんに限ったことではなく、近年はTwitterやInstagramといったSNSを通してパパ活に勤しむケースは決して珍しくない。モカさんによれば、SNSを使って出会うパパの年齢は20～30代、路上で声をかけてくる人は30～50代が多いのだという。

彼女がパパ活について話す際、印象的だったことがある。それは、路上で出会うパパのことを「声をかけてくださる方」と表現していたことだ。「くださる」という敬語は、路上で未成年に対して声をかけて買春《かいしゅん》を行おうとする卑しい男、という目線では使わないはずだ。敬語としては不適切だが、そこには、彼女なりの「お客様」に対するサービス精神が込められているのかもしれない。おそらく彼女は、僕を含む世間の大人が思っている以上にパパ活を〝仕事〟として捉えており、彼女なりの責任感やサービス精神でパパ活に取り組んでいるのかもしれない。

こうしたプロ意識について尋ねると、モカさんは「歌舞伎町で学んだこと」だと答えた。

〝学び〟という言葉に引っかかりつつも、僕はさらに踏み込んだ質問をしてみる。

「路上でパパを探す際は、歌舞伎町で立ちんぼをしているんですか？」

中学生の女の子にはふさわしくない単語が並んだが、ここまで数時間以上モカさんの話を聴き続けて、衝撃のエピソードの連続に僕の感覚も徐々に麻痺してきていた。モカさんは後ろめたい様子もなく、当たり前のように淡々と答えた。

「はい。そういう子、結構多いですよ。ほら、あそこに立っている子とか」

そう言われて、モカさんが指差したゴジラビルの前に目をやる。ゴジラビルとドラッグストアの間の通りにはポツン、ポツンと数メートルおきに間隔を空ける形で、4、5人の女の子が立っていた。その中には通りがかった男性と立ち話を始める子もいる。僕はモカさんに言われるまで、彼女たちがそこに立っていることを意識していなかった。というのも、歌舞伎町には昼から営業するキャバクラや風俗店も多く、昼間でも客引きの女の子たちが道端に立っている。歌舞伎町ではこうした光景は昼も夜も関係なく、ごく普通の日常なのだ。

だが、客引きだと思っていた女の子たちがパパ活をしているとは思いも寄らなかった。

「え？　あの子たちはキャバクラやガールズバーの客引きじゃないんですか？」

「違いますよ。あれはみんなパパ活です」

遠目には年齢までは分からなかったが、立っている女の子たちの服装はまちまちだった。モカさんと同系統の目立つ色に髪を染めた子もいれば、「これからフルートのレッスンなんです」と言われても信じてしまいそうな清楚なお嬢様風の装いの子もいる。見た目はバラバラなのに、女の子たちはみんな終始スマホをいじりながらその場所に佇んでいる。よくよく考えてみると、客引きにしては少し異様な光景だった。何かがおかしい。

僕はモカさんに少し待ってもらえるようにお願いしてから、思い切って女の子の一人に声をかけてみることにした。年齢は20代前半くらいだろうか。薄い青色のスカートにフォーマルなベージュのジャケットを羽織り、家柄の良さすら感じさせる清楚な出で立ちの女性だった。

彼女に声をかけようと思った理由は、その見た目が話しやすそうに感じたからだ。僕は彼女の方に歩を進めた。距離が10メートルまで迫った時、遠くから彼女を見ていた僕のイメージがいかにずれていたかを思い知った。肩までかかる彼女の髪の毛はすべての油分が流れ落ちたかのようにボサボサで、耳にはいくつものピアスが知恵の輪のように連なっていた。爪楊枝ほどの細さに整えた眉毛も含めて、僕がイメージしていた〝清楚な女性〟とはかけ離れた姿だった。

今さらあとには退けず、僕はその女性に向かって歩を進めた。数メートルの距離まで近づくと向こうも僕に気づいた。女性は僕を警戒しているような、それでいて待っているような、どちらともつかない視線で僕を見つめている。女性との距離がさらに近づくにつれて、新たな事実に気づいた。遠目からは20代前半くらいに見えていたその女性が、思っていたよりもかなり若そうに見受けられたのだ。

いろいろと予想外のものを目にして、女性の前にたどり着いた僕はかなり動揺していた。そのせいで、体当たりの路上インタビュアーとしては最低最悪、最もぶっきらぼうで配慮のかけらもない言葉を僕はその子に投げかけてしまう。

「あ、えっと、何やってるんですか?」

声をかけながら、頭の中で「終わった」と思った。相手は何かしらグレーな事情を抱えているかもしれないし、条例や法を犯している可能性すらある。こんな気の利かない声のかけ方で素直に答えてくれるわけがない。そう思った。

しかし、彼女もまたモカさんと同様に、何の躊躇もなく僕の問いかけに応じてくれた。

「〝えん〟です」

〝えん〟とは、援助交際の隠語として使用される言葉である。悪びれた様子もなく、当たり前のように彼女はそう答えた。

「おいくつですか？」

「17歳です」

17歳という年齢にさほど驚かなかったのは、数分前まで話していた相手が15歳であったからに他ならない。

「高校生ですよね。学校は？」

「行ってないです」

「家はどちらなんですか？」

「埼玉ですよ」

「家には帰ってるんですか？」

「はい、今日も家から来ましたよ。てか、お兄さん何ですか？　警察の人？」


警察かどうかを確認してくるのに、焦ったり悪びれたりする様子もなく、目の前にいる女性は「何が悪いの？」という態度を崩さない。僕は、声のかけ方が雑だった上に不躾な質問を続けてしまったと反省し、自分の取材内容について女性に説明した。その後、警察ではないと分かった安心もあってか、女性はつらつらと質問に答えてくれた。


「1回エッチしたら3万円ですかね」

「17歳っていうのはウソで本当は18歳です。そう言った方が男の人が喜ぶから」

「大体月に15万円くらいは〝えん〟で稼いでますよ。全部友達と遊ぶのに消えますけど」

本当は18歳だが17歳と言った方が喜ばれる、と聞いて僕は感心してしまった。この若さで自分の売り方をしっかり考えて、ラベリングに工夫を凝らしているのだ。

〝えん〟の女性との話を終えてモカさんのところへ戻ると、モカさんはこちらにはまったく興味のない様子でスマホをいじっていた。その姿は、先ほどまで話していた女の子たちと大差ない。モカさんもまた、日常的にこの場所に立って、パパ活で自分を売っているのだ。15歳というラベリングで。

「モカは自殺しました」

モカさんを取材してから2ヶ月が過ぎた２０２２年の４月某日。僕は久しぶりに会う友人たちと、池袋の居酒屋で酒を飲んでいた。お互いの近況を報告し合い、懐かしい思い出話に花が咲いた。時間も忘れて会話を楽しんだあと、僕はふと時計を見て、飲み始めてから2時間が経過していることに気づく。そういえば、飲んでいる最中にポケットの中にあるスマホが何度か震えていたのを思い出す。

「ちょっと一服してくるよ」

友人にそう伝えて、居酒屋の喫煙所で僕はスマホを開いた。

2時間の間にスマホにはLINEの通知が7、8件あり、そのうちの5番目のメッセージがモカさんからのものだった。

しかし、そのLINEの送り主はモカさん本人ではなく、彼女のお兄さんを名乗る人物からだった。「おや?」と思いながらメッセージの中身に目を通す。

「3月●日にモカが自殺しました」

その文字を見た瞬間、心臓をキュウッと誰かに握り潰されたかのような感覚に陥った。スマホを持つ手は震え始め、もう片方の手に持った電子タバコに口をつけることすらできなかった。

モカさんが自殺したとされる日付は、僕が彼女と最後にLINEのやり取りをした5日後だった。僕が取材したあと、トー横界隈で大規模な一斉取り締まりが行われ、多くの未成年者が補導された、というニュースを耳にした。それを受けて、僕はモカさんの安否(彼女にとって補導されることが「安」なのか「否」なのかは分からないが）を確認するため、彼女にLINEをした。それが最後のやり取りだった。その5日後にモカさんは自ら命を絶ったという。

そんなはずはない。モカさんが自殺したという知らせを、僕はそのまま受け入れることができなかった。僕のチャンネルでモカさんの動画を公開したあとも、モカさんとはLINEのやり取りを何度もしていたのだ。

動画の反響について、モカさんはこんなメッセージを僕に送ってくれていた。

「励ましのコメントが多くて、私泣きそうになりました」
「ほとんどのコメントに涙しそうです」

このメッセージを読んでいると、これから命を絶つ人の言葉だとは到底思えなかった。メッセージには、中学生が好みそうなかわいらしいLINEスタンプもいっしょに送られてきており、そのスタンプの楽しげなアニメーションを見ていると、深い悩みを抱えているようには感じられず、モカさんの前向きな気持ちすら伝わってくるような気がした。

そんなモカさんへの印象は、僕の思い違いだったのだろうか？

本当にモカさんは亡くなってしまったのだろうか？

喫煙所の灰皿で燻るタバコの燃えかすを眺めながら、僕は何度も自分に問いかけた。トー横の路地でモカさんと交わした会話の記憶がよみがえる。

死ねないからここにいる

「いますけど、いません」

あの日の取材で、モカさんは笑いながらこう言っていた。

それは「友達はいないんですか？」という僕の質問に対する答えだった。

さらにモカさんは、連絡を取り合う子はいてもその子たちのことを「友達だと思ってない」と言い切った。僕は取材を通して、彼女に対して明るくて人当たりの良い女の子、という印象を持っていた。僕との会話も滑らかで、人とのコミュニケーションが苦手なようにも見えない。

そんなモカさんが「友達はいない」「友達だと思ってない」と話す理由が僕は気になった。

そんな僕の頭の中を見透かすように、モカさんは説明し始める。今までに付き合いのあった友達の中に「親友」と呼べるほど仲の良かった子が3人いたという。

「その3人とも全員死んじゃってて。病気とか自殺とかで。それがあったから、友達を作りたくないいなと思った」

モカさんは、そうした経験を「裏切られた」と表現した。彼女にとって、親友がこの世を去ってしまったのは裏切りにも等しい行為だったのだ。そして現在の交友関係のことを「友達じゃないけど、仲の良い仲間……？　仲間かな」と話した。僕は確認の意味も込めて「トー横キッズの子らと、一緒に寝泊まりとかするじゃないですか。そういう人たちは友達ではないんですか？」とまた尋ねる。それでもやはり、モカさんの返答は「友達とは思ってないです。相手は分からないけど、私は思ってない」というものだった。そして「作るのが怖い」とつぶやいた彼女に、僕が「作るのが怖いというより失うのが怖い？」と聞くと、モカさんは「そうですね」と言って何度かうなずいた。

モカさんと出会ってインタビューを開始したあと、こんなやり取りがあった。

「モカさんの悩みってなんですか?」

「うーん……なんだろう。特にすごい辛いとかってなくて。たぶんここにいる子ってみんなそうだけど、基本死にたいって思ってる。死ねたらなんでもいいなって思っちゃうから……悩みは『死ねないこと』かな」

「死にたくないからここにいる感じですか?」

「全然違います。全然違くて、死ねないから何しようってなったらここに来るしかない。いる場所もないし、やることもないし、できることもないから、ここにいる」

この会話のあと、僕は少しの間だけ言葉を失ってしまった。モカさんの中にある救いようがない心情や「死にたくないからここに集まって希望を見出しているのだろう」という僕の浅はかな想像が「全然違う」と彼女に完全否定されたことがショックだった。

キラキラ光っていられる場所

居酒屋の喫煙室で、僕はモカさんの言葉をもう一度思い出していた。彼女は、ずっと死にたいと思っている、死ねたらなんでもいい、と取材中に話していた。それは確かにそうだ。それでも僕は、モカさんが自殺したことを事実として受け止められずにいる。

「私にとって歌舞伎町は、地面とか外見とかすごい汚いけど、汚いからこそ女の子とかカッコいい男の人がキラキラ光っていられる場所なんじゃないかなーって思う」

モカさんは、自分が身を寄せる歌舞伎町のことをこんなふうに話してくれた。そして、トー横キッズでいられるのもあと3年ほどで、18歳になる前には卒業することになるだろうと、自分の未来を予想していた。彼女がずっと続けているポールダンスのことも教えてくれた。

「トー横キッズっていうものを卒業したとしても、たぶん、歌舞伎町とか夜の街でポールダンスやってるんじゃないかなーって思います」

「かなーって」と言いながら小首をかしげて笑うのがモカさんのクセだった。数年後の自分の姿について話すモカさんは、本当にキラキラと光っていた。唐突に届いた、モカさんが自殺したという知らせ。そのLINEの信憑性を疑ってしまうほど、僕の中で信じられない思いと信じたくない思いが交錯していた。

とにかく一度、モカさんのお兄さんと話がしたい。

僕は手の震えをどうにか抑えながら、お兄さんに向けてLINEで返信し、さらに電話で話をさせてもらえないか、というお願いをしてみた。すると、すぐにお兄さんから承諾の返信があった。電話の約束の日時は、3日後の21時頃。とりあえず3日後にお兄さんに詳しい話を聴くまでは、モカさんが死んだことを信じない、と僕は心に決めた。そう決めなければ、居酒屋の喫煙所を出て友人たちの待つテーブルに戻れそうになかった。

その後、お兄さんとの電話の約束は果たされず、お兄さんからもモカさんからも新たな知らせが届くことはなかった。彼女の自殺は真実なのだろうか。だとしたら、その原因を僕は知りたい。今後も僕なりに彼女の消息を追い続けるつもりだ。

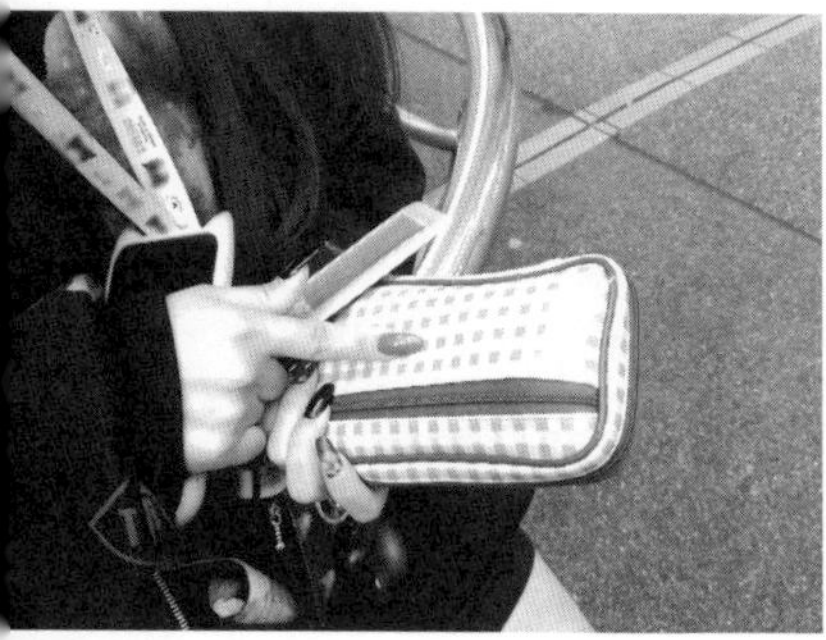

青少年の保護

モカさんの動画をYouTubeにアップしてから、動画には「未成年の子が家に帰っていないのだから保護すべき」「警察に通報した方がいい」というコメントが多数寄せられた。それは、取材中からある程度は覚悟していた。児童相談所に連絡しなかったという僕の行動に対する指摘も、理解できる。だから、僕があの時感じていた気持ちをきちんと残しておこうと思う。

モカさんは精神科病院に入院していた経験もあり、児童相談所に連れていかれても、何度も歌舞伎町に舞い戻ってしまうと語っていた。それが本当なのか、嘘なのか……確かなことは分からない。だが、どちらにしてもモカさんからしたら、僕は見ず知らずの成人男性でしかない。それは道端で「エッチさせてよ」と声をかけてくる男の人となんら変わらない印象だったはずだ。そんな人間の言うことを「分かりました」と聞くくらいなら、きっとあの場で僕たちが出会うことはなかっただろう。

おそらく、それまで何人もの大人がモカさんのことを心配して通報したと思う。それでも、結局何も変わらなかった。変わらないから通報しなくてかまわないと思っているわけでは断じてない。だが、本人に強い意志がない限り、根本的な解決には繋がらないのでは、と思ってしまうのだ。

それ以外にも「こんな若い子がホームレスになるなんて日本はどうかしてる。国が支援しろ」というコメントもあった。この手の内容はとても多いのだが、いつも僕の心にはなんともいえない違和感がやってくる。この問題は、国よりも本人が向き合わなければいけない問題だと思っているからだ。モカさんは泊まるところがないわけでもない。そういう人に国ができる支援はどういうものがあるんだろう。誰かに助けてほしいと声をあげるわけでもなく、自分を不幸だと嘆いているわけでもない。自分の境遇について淡々と語っている彼女は、15歳という年齢からは想像できないほど凛々しかった。

もちろん、社会的な問題でホームレスになっている人もいるから、通報することも、すでにある法律なども一定の効果はあるのだろう。だけど、あの日、僕の目の前にいた少女の救いになるとは、今でもやはり言い切れない。

パパ活というカジュアルな表現

パパ活という言葉が社会に浸透して久しい。いわゆる援助交際に近い意味合いもある。かつて、売春が援助交際という言葉に置き換えられた時にも、世の中では「交際といっても売春と同じでしょ？」と言われていたらしい。おそらく、それと同じ現象がリネームされて起きている。パパ活には「デートするだけ」「ご飯を一緒に食べるだけ」という意味合いも含まれるので、売春と同じだと断言することはできない。

しかし、パパ活というカジュアルな言葉が若年層の性的なサービス提供を広げているのはほぼ間違いないだろう。そう表現することで受け取る側にも提供する側にも罪悪感を抱かせないという側面がある。

パパ活をしている人の中には、「していることは風俗と変わらない」と思って安心しているケースもある。これは、風俗は社会的に許されているんだから、自分のしていることも許されるはず、という考えからきているように思う。風俗と近い、というのは僕も同意見だ。しかし、だから許されるかというとそれは違う。

風俗では、本番行為がないというルールで守られていたり、本番行為のある店でも、お客さんと風俗嬢が恋愛関係になった結果行為に至る、というグレーな理由で経営している。また、お店というオフィシャルな場所が守ってくれる役割も大きいだろう。年齢制限もあるので、未成年は働けない。

しかし、パパ活には守るべきルールなんてない。すべてを自分で決められるし、相手の言うことをすべて受け入れることもできる。だからこそ、法律という壁を知らないうちに越えてしまう子もいるし、そこにつけ込む男もいるだろう。

また、「友だちに風俗で働いてるとは言えないけど、パパ活してるのは言えるよね」と笑いながら語る子も少なくない。それもやはりパパ活が持つカジュアルなイメージが理由だろう。就活や朝活、婚活などと並んでいても違和感のないパパ活。日常に溶け込む言葉だからこそ、危機感も薄くなり、自分がいかに危ないことをしているのかを実感できないのかもしれない。最近ではパパ活専用のアプリも登場しており、社会的にもパパ活女子を助長するような流れすらある。これからも、かわいらしいパッケージに入れられた性的なサービスは、言葉を変えて世の中に広がっていくのだろう。

とりとめのない自殺願望

会話の中でついつい使ってしまうのが「若者だから」という表現だ。人と話す時にはそのようなまとめ方をした方が会話が進みやすいこともあるし、ある程度レッテルを貼って話すというのは誰もがやっていることだと思う。その前提で、Z世代への取材を続けた印象を語るなら、多くの人がデフォルトで「死にたい」と感じているということだ。

今はSNSの普及で欲しいと思った情報はすぐに手に入るし、ネット上で誰かに質問すれば考えなくても解決策が見つかる。単純に、悩んでいたことにすぐ答えが出るなんてすごく便利な世の中なのに、なぜ死にたいと思ってしまうのか分からない。これは僕の想像だが、簡単に答えが出るからこそ、答えが出ない問題にぶつかった時、すぐに「死にたい」という感情に飛びついてしまうのではないかと思うのだ。

そう思うのも本当の気持ちだが、一人の悩んでいる人間として向き合ってみるとまったく違う姿が見えてくる。モカさんも取材の終盤になって、僕に「死にたい」と打ち明けた。しかし、彼女の複雑な家庭環境や身近な人間が亡くなった話を聴けば、「なんで死にたいの?」という疑問を投げかけることが、いかにナンセンスなことなのか分かっていただけると思う。

そして、モカさんの取材が終わったあとも、僕はトー横に通い、多くの若者に話を聞いた。自分の好きなことについて語っている時には、笑顔が見えたり友だち同士で冗談を言い合ったりしているのに、ふとした時に「死にたい」とつぶやく子が多い。自分の欲求に従って「なんで死にたいの？」と声をかけたこともあるが、理由ははっきりとしなかった。その理由が気になって取材を続けたある日。一人の若者と出会う。いつものように、どのような生活をしているのかを取材していくと、その子も同じように「死にたい」と口にした。今度こそ、〝死〟についての答えが分かるかもしれない。そう思って、「なぜ？」と問いかけようとした。しかし、言葉をかけようとしたその一瞬。その人の手首がボロボロに切り刻まれていることに気がついた。僕の頭の中でアラートが鳴り始めて、強く「この質問はしちゃダメだ」と思った。

さて、最初の話に戻るのだが〝若者〟とくくった時「死にたい」という気持ちはファッションのように感じているのに、一人の人間と向き合うとそんな考えが吹き飛んでしまう。この正反対の感情が、至るところで起きていると思う。だからこそ、自分の大切な人と向き合う時だけは〝若者〟や〝大人〟というレッテルを外してほしい。

タイトロープを渡って

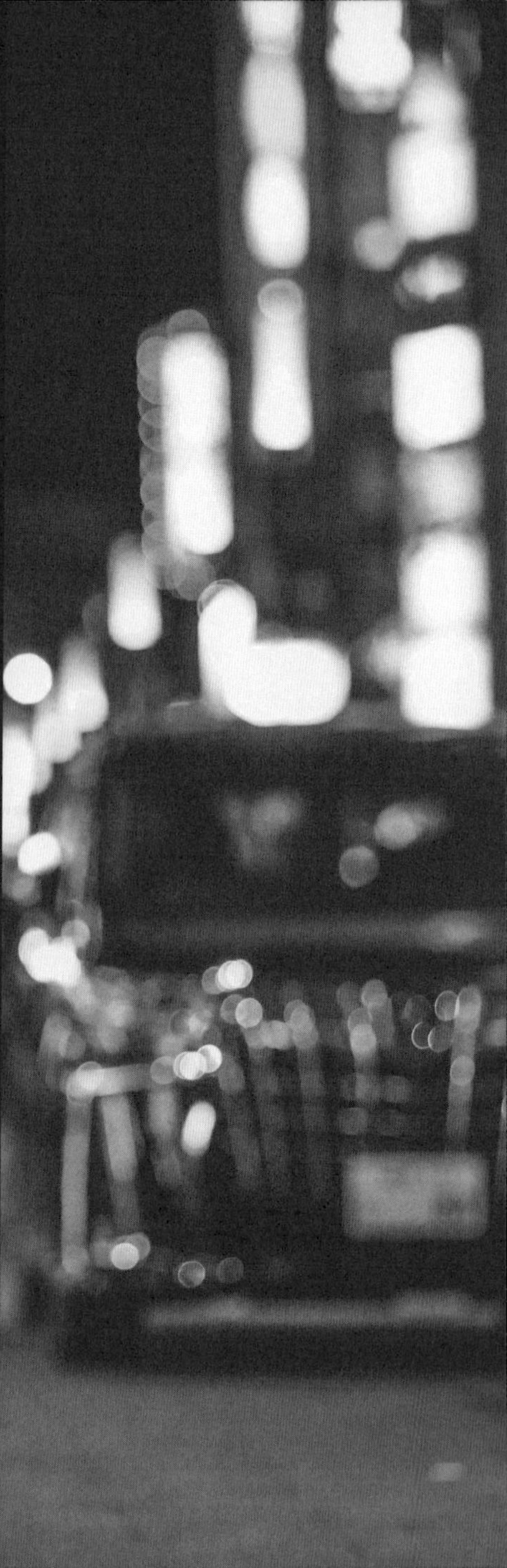

第2章

起業の夢を抱いてトー横に通う少年

トー横キッズについてもっと知りたい。

モカさんの動画を公開して数日が経った頃、僕は再び歌舞伎町の路地に立っていた。ゴールデンウィークが終わったばかりの平日の昼間、歌舞伎町を行き交う人の姿はまばらだ。

モカさんが女の子だったので、次は男の子に話を聴いてみたい。できれば〝ザ・トー横〟みたいな典型的なトー横キッズから話を聴いて、彼らの実態について詳しく話を聴きたい。

そんなことを思いつつ、あたりを見回しながら歩いていると、トー横の広場近くに中高生くらいの見た目の3人組の男の子がいた。一人は真っ赤な髪で奇抜な服装、あとの二人は大人しそうな風貌だった。赤い髪は歌舞伎町という街の中でもひときわ目をひいたが、いっしょにいる二人は学校やクラスで目立つタイプの子ではなさそうな雰囲気だ。この3人が同じ学校の同じクラスであっても仲良くなるとは思えず、学校とは別のコミュニティで出会った者同士に違いない、そんなふうに感じた僕は、彼らをトー横キッズだと予想した。

「すみません、お兄さんたちはトー横キッズですか？」

どストレートな質問に彼らは「あ、そうです」と、ためらいなく答えてくれた。しかも、僕にとっては幸運なことに、彼らはモカさんの動画を見ていたらしく「アットホームチャンネル」のことも知っているという。その勢いで取材を申し込んだところ、大人しそうな二人には「いや、ちょっと……」と断わられてしまったが、赤髪の少年・ユイト君（仮名・当時17歳）だけは「出たいです！」と乗り気な様子を見せ、取材を快諾してくれた。

ユイト君がいっしょにいた二人と少し言葉を交わしたあと、僕は彼と並んでトー横周辺を歩きながら、彼にカメラを向けてインタビューを始めた。

話し始めたユイト君に対して、僕は「しっかりと話ができる好青年だな」という印象を持った。頭髪は赤く、服装は黒ずくめで、首元には金属のチェーンのようなアクセサリーをいくつもぶら下げている。白いマスクで口元は見えないが、彼は話をしながら時折こちらの目をしっかりと見つめてくる。クラスの女の子から人気があってもおかしくない、すっきりとした顔立ちをしていた。

「ユイト君、こういうインタビューを受けた経験は……」

「いや、ないですね。マジでないです」

世間話のような僕の質問に、ユイト君は少しはにかみながら答える。僕には彼がどこにでもいる10代の少年に見えた。

ユイト君はその当時、通信制の高校に通う17歳。アパレル関連の仕事に興味があり、将来は起業したいという夢を持っている。そのために自分自身を積極的に発信していきたい、と打ち明けてくれた。僕はモカさんの時と同じように、動画を公開する際には仮名を付けた上で顔にはボカシを入れるつもりだった。だが、彼は自分自身のプロモーションに繋げるため、本名での出演を希望した。ユイト君は見た目こそ派手だが、年齢のわりに落ち着いていて、言葉遣いも丁寧だった。「目立ちたいから」というような短絡的な考えで本名での出演を望んでいるわけではないことは、僕にもすぐに伝わってきた。「アットホームチャンネル」への出演が彼のプロモーションになるかは分からなかったが、僕は顔にボカシを入れる一方で本名での出演を受け入れることにした（本書においては仮名表記にしているが、これは後述する母親からの要望を踏まえたものである）。

インタビューの最中、僕にはどうしても確かめたいことがあった。それはトー横キッズと呼ばれる彼らの家庭環境についてだ。

モカさんへの取材では、複雑な家族関係やパパ活で収入を得ることなど、彼女が体験してきた壮絶な日々を聴いたが、他の子はどうなのか。

先ほども触れたように、ユイト君はモカさんのことを僕のチャンネルの動画ですでに知っていた。それ以上の面識はないと話すユイト君だったが、モカさんと自分の間に少なからず共通する部分も感じている様子だった。

ユイト君は、両親が離婚していること、母親と祖父母といっしょに暮らしていること、などを打ち明け、さらに自分の身に降りかかった虐待についてもこう語った。

「めちゃめちゃ殴られてましたね。母親とかおばあちゃんから殴られたり蹴られたり」

ユイト君もまた、モカさんと同様に母親と祖母から殴る蹴るの虐待を受けていた。そうした家庭環境のため、自分と似た境遇の子が集まるトー横に足を運ぶようになり、自宅にはほぼ帰らなくなったという。自宅の場所を聞くとそこは都内有数の一等地だった。

彼にはモカさんと違う点ももちろんあった。中学生の頃は不登校だったユイト君は、現在は通信制高校の週3回の授業をちゃんと受けているという。配達のアルバイトをしており、月に10万円前後の収入も得ている。自宅には居づらさを感じているものの、帰れないわけではなく、シャワーを浴びたり荷物を取りに帰ったりすることもある。

ユイト君の話を聴くと、生活に困窮している様子は感じられなかった。帰ろうと思えば帰れる実家があるのも、完全に家を失ったホームレスとは大きく異なっている。

だが、安心して過ごせる家がない、帰りたいと思える家がない、という点では彼もまたホームレス状態、もしくはホームレスになるかならないかの瀬戸際を漂っていた。

トー横キッズの実態

僕はモカさんへの取材を通じて、トー横界隈について「精神的に追い詰められた人たちが、死に場所を探し回った挙げ句にたどり着く場所」という印象を持っていた。未来に希望を感じられず、この瞬間を刹那的に生きているような、そんなイメージだ。

しかし、目の前にいるユイト君には起業という将来の夢があり、その仲間をトー横で集めるという目的意識もあった。ここに来たら普段なら出会えないような人と知り合いになれて、コネや人脈ができる。そういう意味では、サラリーマンが異業種交流会に参加して名刺交換することと、ユイト君がトー横界隈に通い続けることは、大きく違わないとも思える。

将来への建設的な考えをしっかり持っているユイト君を見ていると、「彼ならトー横でなくてもうまく生きていけるのではないか」という思いが僕の頭をよぎる。社会に出て、赤い髪を黒く染め、スーツとネクタイを身につけて名刺交換をしている、そんなユイト君の姿を想像するのは難しいことではなかった。

それに正直なところ、モカさんのような「ここにしか居場所がない」という切実な雰囲気をユイト君には感じなかった。アルバイトで稼いだお金でトー横に遊びに来ている高校生、という印象の方が強い。家に一人でいるよりも友達といっしょに遊ぶ方が楽しい。トー横に行けば友達に会える。たまたま場所がトー横だっただけで、ゲームセンターで友達とつるむ普通の高校生と大きくは違わないように僕には見えた。

僕はユイト君の話を聴いて、トー横キッズのことがますます分からなくなった。

トー横キッズとは、いったいなんなのか。

ユイト君によると、トー横キッズの中に100人以上が所属するLINEグループが取材当時には4つほどあり、派閥のような形で分かれているという。彼らの多くは家庭に何かしらの問題を抱えている未成年、ということだったが、その中には昼は会社で働いて夜になるとトー横に集まるサラリーマンや、40代のホームレスもいるそうだ。世代や仕事を超えた繋がりは、起業のための仲間を探す意味でも、ユイト君の目には魅力的に映るだろう。

彼はトー横を「助け合いの場」と表現した。お金のない未成年が多いため、ネットカフェやホテルに泊まる時は、みんなで費用を出し合ったりお金のある人が多めに払ったりする。そういう互助的な側面がある一方で、中には武闘派と呼ばれる人々もいて、小競り合いが発生すると殴り合いか、土下座か、あるいはお金で解決するケースが多いという。そういう揉め事があったとしても、ユイト君はトー横という場所について「誰でも受け入れてくれる温かさがある」と話した。

また、さまざまなメディアでも取り上げられてきたように、トー横キッズの間では未成年による飲酒や喫煙も当然のように行われているという。それだけでなく、ＯＤ（オーバードーズ）と呼ばれる、薬局で購入した一般的な風邪薬を酒といっしょに大量摂取してトリップする行為もある。これは命を落としかねない危険行為だ。

ユイト君自身は、そういった危険行為に身を委ねるのではなく、音楽を聴いたり踊ったりしてトー横での時間を楽しんでいる。この界隈にはスピーカーを肩に担いでいる人がいて、ヒップホップなどお気に入りの音楽を流してくれるのだという。

「お兄さん、俺の許可取って撮影した？」

ユイト君から話を聴いているうちに、徐々に日が暮れようとしていた。広場に集まったキッズたちの数もいつの間にか増えている。

ふと気づくと、少し離れた場所にいるキッズたちは、カメラを持ってユイト君を撮影している僕に対して、警戒するような視線を向けていた。「武闘派もいる」という話を聞いていた僕は、この場にいることが次第に怖くなってくる。ユイト君がいるとはいえ、取材スタッフは僕一人だけだ。２０２１年11月にトー横界隈でホームレスの男性が被害者となった、暴行殺害事件が起こったニュースも頭をよぎった。

遠巻きにこちらをうかがう他のキッズたちに目をやりながら、僕はユイト君に「攻撃されたりしないですか？」と尋ねた。彼は平然と「全然大丈夫ですよ」と答えたが、その言葉を聞いても僕はまったく安心できずにいた。あたりが薄暗くなるのと同調するように、僕の中の緊張感は増していく。そんな不安を感じつつ撮影を続けていたが、すぐに恐れていた瞬間がやってきた。ユイト君に向けたカメラを一瞬後ろに振った時、僕は声をかけられた。

「お兄さん、俺の許可取って撮影した？」

そう言いながら、屈強な体つきをした金髪の若者が近づいてくる。その口調は明らかに荒ぶっていた。僕はすぐに「モザイク入れます」と応じたが、金髪の若者は声のボリュームを一段上げて「その前に一言、許可取るのが礼儀じゃない？」と、今にも殴りかかってきそうな勢いで距離を詰めてくる。僕はいったんカメラを止めて丁寧に説明し、なんとかその場は引き下がってもらった。似たような出来事は、インタビューを終えた直後にも起きた。取材の締めくくりとしてユイト君がトー横を歩く風景カットを撮ろうとした時、先ほどの若者とは別のリーダー風の男性が「許可取ってるの？」と攻撃的な態度でこちらに迫ってきた。この男性とユイト君は知り合いだったらしく、ユイト君が間に入ってその場をおさめてくれたが、リーダー風の男性はまったく納得していない様子だった。一歩間違っていたら無傷では済まなかったかもしれない、と今でも思う。

この出来事に出くわす前の僕は、トー横を〝まったく新しい若者の文化〟だと思っていた。しかし、こうした体験を通して「もしかして僕の地元である福岡県田川市のヤンキー文化と近い部分もあるのではないか」と思い直すようになった。一見するとイマドキのトー横界隈にも、波風を立てようとする人、縄張り意識をむき出しにする人、そして目立ちたいだけの人といった、昔からいるような〝やんちゃ〟な若者は少なからず存在するのだ。そういう視点で見ると、ODのような危険行為も、スリルを味わえるただの〝遊び〟なのか、それとも本当に「死んでもかまわない」という気持ちが含まれているのか、僕には曖昧に見えてきてしまう。

補足しておくと、「トー横界隈の若者は昔ながらのヤンキーと大差ない」と簡単に切り捨てているのではない。「ODなんてやっていても本気で死ぬつもりはないんじゃないか」と軽く見ているわけでもない。昔と同じ部分もあるし違う部分もある。本気じゃないように見えたのに本気で死のうとする子、死んでしまう子もいる。その細かな機微を見逃すまいと気をつけているつもりだ。例えばODという危険行為は、かつてのシンナー吸引と同じようなものなのか。違うのだとしたら何が違うのか。現代の若者の心情や社会状況がどんなふうに映し出されているのか。先ほど登場した、僕に声をかけてきた金髪の若者やリーダー風の男性は、一見すると僕の地元のヤンキーたちと同じように見える。しかし、そう見える彼らも、起業の夢を語るユイト君も、昼間いっしょにいたユイト君の大人しそうな友達二人も、みんなトー横界隈の住人なのだ。その違和感を僕は見逃したくない。

母親から届いた動画の削除依頼

ユイト君の動画を公開してから数日後、「アットホームチャンネル」のTwitterに1通のＤＭが届いた。それは彼の母親を名乗る人物からで、ユイト君の動画を削除してほしいという内容だった。

その理由はこうだ。動画内で居住地に触れていること、顔にボカシの処理が入っていても知っている人が見れば本人を特定できてしまうこと、何よりもユイト君の発言が事実とはかけ離れていて家族の精神的ダメージが大きいこと、などが記されていた。確かに、居住地にはピー音を入れておくべきだったし、ユイト君が未成年ということも踏まえると、完全に僕の配慮が足りなかった。僕は母親からの指摘に納得し、すぐに謝罪の連絡をした上で動画を非公開にした。

ただ、引っかかる点もあった。

ユイト君の発言が事実とかけ離れている、というのは一体どういうことなのだろうか。

「アットホームチャンネル」で取材する際、僕には決めていることがある。それは取材した相手の発言をひとまず〝丸呑み〟することだ。ユイト君のケースに限らず、動画を公開すると「この人が言ってることは嘘だ」というコメントが付くことも少なくないが、受け止め方が人それぞれ異なるのは当たり前だと僕は思っている。「本当だ」という人の言い分も「嘘だ」という人の言い分も尊重されるべきだ。だからこそ、僕は取材した相手の発言をまずは〝丸呑み〟しようと決めているのだ。インタビューで語ってくれる内容は、本人がそう感じたから発言しているのだろうし、本人が「辛い」と言っているなら、それは本当に辛いのだと思う。

だから、ユイト君の話と母親の話が食い違っていたとしても、それは両者の見方や感じ方が違うからであって、どちらかが嘘をついている、ということにはならない。

そして、ここから先のテーマは「ユイト君の話と母親の話、どちらが真実か」というものではない。お互いに食い違うような説明をする母親と息子。そこに映し出される細かな違和感を、機微を、どうか見逃さないでほしい。

僕は動画を非公開にしたことを知らせつつ、ユイト君の母親とメッセージのやり取りを続けた。その文面から浮かぶ母親の姿は、彼の話を聴いて思い描いたイメージとはかけ離れたものだった。僕は「ユイト君はちゃんと愛されているのではないか」とすら感じたのだ。母親からのＤＭには、ユイト君の葛藤を慮る気持ちや、家庭環境や学校について悩む息子を見守る辛さが、丁寧な言葉で記されていた。

彼のような若者たちが、なぜトー横に集うようになったのか。

その理由を知りたい気持ちが、ユイト君の母親とやり取りを重ねるうちに僕の中でますます膨らんでいった。僕がこれまで歌舞伎町で聴いた家庭環境にまつわるエピソードは、すべて子ども側からの話だったが、親側の目線から話を聴けば、今まで見えなかったものに気づくことができるかもしれない。僕はユイト君の母親にあらためて取材を申し込むことにした。

「彼はホームレスではありません」

ユイト君の母親は、対面によるインタビューは固辞したものの、書面などによるやり取りについては承諾してくださり、以降はLINEでやり取りすることになった。以下、一問一答のような形式になるが、できる限り原文に近い形でユイト君の母親からの返答を記載する。

青柳　ユイト君は動画の中で「虐待を受けていた」と話していましたが、実際はどのような家庭環境だったのでしょうか？　そのように話された原因やきっかけなどがあれば教えてください。

母親　ひっぱたいたりすることがあったのは事実です。中学以降、起こしても起きずもみ合いになることが多々ありました。また、生活の中で注意したことによる口喧嘩のヒートアップの末に私も手を出す足を出す…ような。こちらも擦り傷や痣などは日常茶飯事でした。小さい頃から無意味に手を上げるようなことはなかったはずです。むしろ気をつけていました。

青柳　教育方針がお母様とおじい様、おばあ様で違いがあったそうですが、具体的にどのような違いだったのか教えてください。

母親　私は「ユイトは私の子どもだけれども一人の人間」という考えで、親だから何をしていいわけでもない、もちろん成長する上で見過ごせない部分には口を出しますが、過干渉にはなりたくないという思いがありました。それに対して、祖母は「子どもが成人するまではきちんと見るのが親の役目」という考えでして、何にでも干渉するタイプです。そのギャップにユイトは混乱したかもしれません。

青柳　お母様から見て、幼少期のユイト君はどのような性格でしたか？

母親　人が大好きで、人を楽しませることが大好きな子です。ただ、昔から周りの評価を気にするタイプではあったように思います。そんなこと気にせずとも、君はかわいいしカッコいいからそのままでいなさいよ、という気持ちはありました。親バカなので。

青柳　不登校になってから大きな変化があったように思いますが、どのような理由で不登校になったのでしょうか？

母親　周りとの差、でしょうか。小学生のうちは運動もできるし、勉強も、しなくともかなりできる子でしたが、中学ともなると勉強の習慣がなければ成績は落ちますよね。急成長による体の痛み（成長痛）で部活動などでも思うように体を動かせず、本人の中では「自分はカッコ悪い」となったのだと思います。ならば学校に行かなければいい、と。あくまで私の想像ですが。

青柳　私とのやり取りの中で、ユイト君が感情的になると表現していましたが、具体的にどんな形で表れるのでしょうか。また、感情を激しく表面化させるのはいつ頃からでしょうか？

母親　意に沿わないことを家族から言われたり、自分のやりたいことを止められたりするとムカついて、家を出てなかなか帰ってこない、などです。感情の表面化は中学１年の秋頃からでした。

青柳　ユイト君が出演した動画は、どのような経緯で知りましたか？　また、その動画がアップされてどのような影響があったのか教えてください。

母親　先ほどのような状況が続き、なんとか高校に入ったものの帰宅しないことが増え、しつこく連絡をすると着信拒否やLINEをブロックされました。あの年頃の若者の現状を調べつつ「歌舞伎町」という言葉を息子から聞いたこともあったので、根気よくいろいろと検索していました。動画に関してはかなり早い段階で見つけられ、青柳さんに即対応していただけたのでそれほど影響はありませんでした。ただし、私のメンタルの方にはかなりの影響がありました。

青柳　いわゆるトー横キッズとして紹介しましたが、お母様はユイト君に対してその認識はありますか？　また、ホームレスとして取り上げられたことに対してどのように思っていますか？

母親　息子の尊厳を潰すようなことを言いますが、彼はホームレスではありませんでした。好きな時間に家に帰り、毎日作られたご飯を夜中に食べ、足りなければ、もしくは気に入らなければ家にあるものを食べ、適温の部屋で昼過ぎもしくは夕方まで寝て、風呂に入って出かける日々でした。我が家では誰一人として息子を追い出そうとしたことはありません。

青柳　ユイト君の自立についてどのように考えていますか？　彼は今自立しようとしているのか、まだ自立はできないと思っているのかなど、お母様から見た印象を教えてください。

母親　息子は自立しようとしています。めちゃくちゃ頑張っていますし、自立してほしいと思っています。私は、何かあった時に帰ってくる場所はここにあるよ、と言い続けるだけです。ユイトは大丈夫だと思っています。

このほか、ユイト君がまだ幼い頃に離婚して今は母親、祖父母、ユイト君の４人暮らしであることや、衣食住には困らない生活をしていることなどは、ユイト君からすでに聴いた話と大きな違いはなかった。

彼の母親へのインタビューを読んで、みなさんはどんな印象を持っただろうか。

まず触れておきたいのは〝虐待〟についてである。
今回の母親への取材で僕がどうしても確認したかったのは、「虐待されている」というユイト君の主張に対して、母親がどんなふうに認識しているのか、という点だった。
虐待は、言うまでもなく非常に重大な問題だ。児童福祉法では、18歳未満の児童に対して虐待が行われていることを知った場合、福祉事務所や児童相談所などへの通告（いわゆる通報）義務が全国民にあると定めている。通告しなかったために、虐待された子どもが死に至ったケースも数多く報道されている。
ユイト君に対してひっぱたいたりもみ合いになったり、という出来事は確かにあったと母親は認めている。だからといって、それが虐待とイコールになるとは言い切れない。
虐待の部分を含めて、僕は気になった点をもう一度ユイト君の母親に取材することにした。

青柳 確認したいのですが、ユイト君が話していた虐待は、お母様としては「ユイト君に誤解されている」という認識でしょうか？　あるいは彼や外部の人が「それは虐待だ」と話すのも仕方ない、という出来事があったのでしょうか？　お母様の言い分はどちらになるのでしょう？

母親 誤解というのとは違うと思います。子どもなりに親に反抗する手段として「虐待」と言っている、と。

少し補足すると、母親によると具体的に以下のような出来事があったという。
ユイト君「お前殴ってみろよ！」

母親（ピンタ）
ユイト君「はいこれ虐待ねー、警察行くわ」（と言い残して本当に警察署に行って訴える）
（母親に警察から電話がかかってくる）
母親「虐待で出頭要請があるなら今すぐ行きます」
警察「いや、明らかに家庭内の揉め事なので……」
母親「そうなんですか？　全然行きますけど」
警察「夜も遅い（22時頃）ので、息子さんをお送りします」

その夜、ユイト君は車に乗せられて帰ってきた。

母親は、こうも答える。

母親　正直、「虐待」というワードが独り歩きしている、と思っています。過去に息子が暴れて、児相の助言で逆に私が警察を呼んだこともあります。虐待されていて逃げたいのなら、それでいいから好きにしなよ、と。「虐待」というワードを自分を正当化するために使っていたイメージが強いです。

続けて見ていこう。

青柳「息子を一人の人間として見ている」にもかかわらず、動画の公開差し止めを母親の立場で依頼した大きな理由を教えてください。お母様自身のメンタルが壊れそうだったから？ユイト君の将来を心配して？　あるいはほかの理由があるのでしょうか？

母親　まずは「デジタルタトゥーが怖い」です。動画自体かなり誇張と嘘があったので「おい、それはやりすぎ……」というのと、実際に素性が知られた時にトー横にいる人たちとの関係性もかなり変わってしまうのではないか、という心配です。激しい人も多いし、息子は本当に生活に困る状況ではなかったので。私のメンタルなぞ、息子が笑って生きていけるのならぶっ壊れても構いません。安いものです。

青柳　お母様のメンタルへの影響は、具体的にどんなものがあったのでしょうか？

母親　私は元々うつ状態という診断のもと通院をしていました。不眠、情緒不安定、認知力の低下、目眩や動悸、消化器系の不調、あとは分かりやすいところですと、大きなハゲができました。同居の祖父母からの「あの子はどうなの？」「こんなのおかしい！」というプレッシャーを感じ、でもあまりせっつくと息子とまともに話もできないし、機嫌を損ねたら連絡がつかなくなることもある。私は何をしたら最善なのかまったく分からず、未来に希望など少しも持てませんでした。

青柳　彼への取材時と状況も変わり、ユイト君は現在18歳になり成人していますが、公開された動画の時と同じような生活をしたいと言ったら、本人の好きなようにさせますか？　これから、ユイト君とどのように関わっていこうと思っていますか？

母親　自分のやりたいようにやればいいと思います。ただ、生活する場所、あとは保険や、税関係、そこをしっかり自分でやれ、と。まだ私の扶養なので。そこを出て、完全に独り立ちしてから勝手にしなさいと。息子が困った時、おかしければおかしいと言うし、どうにもならなくなったら頼ってほしいとは思っていますし助けますけれども、私はあくまで〝最後の砦〟と認識してほしいです。

母親への追加取材を通して、僕はこう感じた。

「ここにいるのは、ごく普通の母親と息子なのかもしれない」

ごく普通の子がホームレスになるかもしれない

例えば、ユイト君は幼少期に両親の離婚を経験している。厚生労働省が毎年行っている人口動態調査をもとに計算すると、結婚した夫婦のおよそ3組に1組が離婚、そのうちの6割ほどが子どもがいる夫婦の離婚となっている。幼少期に離婚を経験している子どもは、決して多数派ではないが、極めてレアケースな家庭環境、というわけでもない。

ユイト君や彼の母親の話を聴いて、僕が思い浮かべたのは、いくつかの難しさを抱えながらも、今を生きている母親と息子の姿だった。

どんな家庭であってもそれぞれ異なる事情を抱えている。離婚だったり、病気だったり、あるいは経済的に困窮していたり。親は子どもの教育について悩み、思春期の子どもは親に反抗する。どんな家庭も、多かれ少なかれ難しい事情を抱えながら毎日を生きている。そういう意味では、ユイト君と彼の母親の姿は、至って普通の親子だ。

僕が強調しておきたいのは、〝ごく普通に見える母親と息子だから問題ない〟ということではない。まったく逆だ。

ごく普通に見える母親のもとで育つ、ごく普通に見える高校生のユイト君と、僕は歌舞伎町で出会った。その時の彼の姿は、ホームレスになるかどうかのグレーゾーンを漂うトー横キッズ、そんなふうに僕には見えた。

母親は「彼はホームレスではない」と断言し、ユイト君は「帰る家がない。だからトー横にいる」と僕に話した。

どちらが本当でどちらが嘘か、そんなことはどうでもいい。

それよりも大事な、見逃してはいけないものがここには浮かび上がっている。

ユイト君には「帰りたい」と心の底から思える家がなかった。

母親は「帰ってくる場所はここにある」と心の底から信じている。

おそらく、みなさんのうち、大人と呼ばれる世代は母親に共感するだろうし、若い人世代はユイト君に共感するだろう。

親と子どもの、あるいは、大人とZ世代の、こうした認識のずれが、若者たちをトー横という〝安息の地〟に向かわせるのかもしれない。
母親の話を聞いて「ごく普通の母親と息子なのかもしれない」と感じた僕も含めて、大人たちはユイト君たちの悩みを、苦しさを、生き辛さを、理解できていないのだろう。

そして僕は、ふと思う。

家に帰らずトー横に通うユイト君の姿は、ある人から見たら子どもっぽい〝家出〟に映るのかもしれない。
また別のある人は、家に帰らずに起業を夢見るユイト君のことを〝自立〟しようともがく好青年だと見るのかもしれない。
あるいは、帰りたいと思える家がなく、カスタマの狭いブースで雑魚寝をするユイト君とその仲間たちは「俺たちはホームレスなんだ」と思っているのかもしれない。

トー横キッズたちの胸の内をもっと知りたい。

そんなふうに考えていた僕は、上から目線のおこがましい大人だったのだ。

家出とホームレスの違い

「家出とホームレスの違いはなんだと思いますか？」と聞かれたら、どう答えるか。僕の印象だと、家出は自らの意思で行う〝能動的〟なもの。ホームレスはさまざまな事情により陥ってしまう〝受動的〟なものという違いがある。驚かれるかもしれないが、ホームレスの中には、自分がホームレスになっているということに気がついていない人もいるのだ。なぜそのような認識の差が生まれるのか。少数派ではあるが、家はあるのに、選んで路上生活をしている人が一定数存在しているからだろう。その人に「家で過ごした方が快適じゃないですか？」と聞いたことがある。すると、「家にいても一人だから」という言葉が返ってきた。外に出れば誰かしら人がいて、会話はしなくても人の存在を感じられる。家には自分の居場所がないが、外に出れば居場所がある。そんなふうに思っているのかもしれない。

ユイト君は自身をホームレスだと語っていたが、見る人によってはただの家出だと感じる人もいると思う。僕も、中学生の頃友達との遊びに夢中になって家に帰らないなんてことはよくあった。きっとみなさんの中にも共感できる人はたくさんいるはずだ。その延長線の感覚でトー横に集まっているのかもしれない。そう考えたらあまり注視するような問題ではないと感じる人もいるだろう。

しかし、ユイト君には僕の考えと決定的に異なる部分があった。それは、当時の僕は少なくとも家に居場所がないと考えたことはなかった、ということだ。帰れる家があるのに、家に帰りたくないからトー横界隈にいたい。そう思っていたのなら、先ほど紹介したホームレスと何が違うのだろうか。若者がただ遊んでいるように見えた光景に、ホームレスの人が語った寂しさが重なった。家があったとしても、孤独から逃げ出すために外に飛び出すなら、それは精神的にはホームレスと同じだと、僕は思う。

この話は、Z世代や、ホームレスだけに当てはまる問題ではない。仕事が終わって、家に帰りたくないと考えてしまうサラリーマン、夫と顔を合わせたくない妻……そういう人たちも心のホームレスになっている可能性がある。どうせ話しても理解してくれない、と思っている間はきっと孤独からは抜け出せない。

現在、ユイト君の家族はたくさんの衝突を経て、少しずつ関係が良くなっているそうだ。これから先、またぶつかることもあるとは思う。だが、その都度話し合ってお互いの気持ちを理解しようとすることを忘れなければ、きっと自分の居場所は見つかるはずだ。

親の愛情と過干渉

取材の中で、ユイト君の母親が「祖母との間で教育方針が違った。私は過干渉にはなりたくない」と答えてくれた時、僕は地元の幼なじみのことを考えていた。

彼は、よく母親の愚痴をこぼしていた。当時は「過干渉」という言葉を聞いてもピンとこなかったし、彼の話だけを聞いていたら「いい母親じゃん」という気持ちにしかならなかった。僕から見ると、優しくて子どものことを大切に思っている母親という感じで、それは周りにいる誰もがそう思っていただろう。ただ一人、本人を除いては。

その幼なじみは中学生の頃、母親に「派手な服を着たら不良になるからやめてね」と注意されたり、髪を染めるのを禁止されたりしていた。この話だけを聞けば、「親が厳しいのかな」程度の話だろう。実際、当時の僕はそう思っていた。だからこそ、彼がなぜ親に対してそんなにイライラしているのか分からなかった。

しかし、曲がらずに成長してほしいという気持ちが、逆に大きく個性を捻じ曲げてしまうこともある。僕は大人になってからふと考えたことがある。彼が僕に話したことは些細なことだが、あのレベルの干渉が100個あったとしたらどうだろう。小さなことだから許せるという考え方もあるとは思うが、本人にとっては小さなことさえ認めてもらえないということなのだ。顔を合わせれば何かしら注意されて、周りの友達や大人には「いい母親じゃん」と思われる毎日は、どれほどストレスがかかったのだろう。その反動からか、彼は高校を卒業してから、今までずっと金髪を維持している。まるで、親に対する反抗心をむき出しにしているかのように。

幼なじみの気持ちを少しだけ理解できるようになったのは、僕自身に最愛の息子ができたことがきっかけだった。わが子のことを考えるようになってから、彼の母親のことを思い出すことが増えた。例えば、僕が子どものためを思って何かしてあげようと思ったり、危ないからといってしたいことをさせないようにしたりという場面に出くわした時などに、彼の愚痴がよみがえる。今、僕は子どもの自由を奪っていないか、反対に子どもの安全を守れているか。その問いに明確な答えなんてない。答えがないからこそ、自分なりの考えで日々子どもと触れ合って、お互いに良いバランスを見つけていくことが大事なんだと今の僕は思っている。

血の繋がりを盲信しない

取材をしていると、若いうちから家計を支えている子どもに出会うことがある。そういった子に「若いのに大変ですね」と言うと、ほとんどの場合「家族なので……」と口にする。家族とはいったいなんだろう。そんな根源的な問いが自分の中に生まれていた。

恥ずかしながら僕は子どもが生まれる前、心のどこかに「自分の分身が生まれてくるんだ！」という気持ちがあった。自分と血が繋がっているという意識が強かったからなのかもしれない。だけど、息子が育っていくにつれて、自分との違いに気がつくようになった。例えば、僕は子どもの頃から誰とでもフランクに話せる性分だが、息子はものすごく人見知り。僕は、周囲でケンカがあると、なだめに行くような子どもだったらしいが、息子は自分の気に入らないことがあると感情を爆発させる。買い物に行っても、僕の好みとはことごとく合わない。

そんな日々を過ごすうちに、自分と息子は血が繋がっていてもまったく別の人間なんだと実感したのだ。

血が繋がっているから自分と似ているはずだ、という考えから抜け出せないと、子どもが自分と異なる意見を持った時に反射的に否定してしまう。これは、子どもだけでなく親も不幸になる価値観だと僕は思う。子どもは自分の意見を尊重してくれない親だと感じてしまうし、親は言うことを聞かない子どもだと感じるだろう。

社会に出て、自分と同じ意見の人と出会った時に「血が繋がっているのかも」とは思わないはずだ。しかし、親子で意見が一致すると「やっぱり自分の子どもだから考えが似ているんだ」と思ってしまう。

一人の人間として切り離してしまうと、「子どものことを愛していないのか」とか、「冷たい人間だ」と言われることもあるが、そんなことはまったくない。愛していることと、一人の人間として扱うことはなんの関係もないからだ。僕から言わせれば、愛しているからこそ、自分を大切にしてほしいと思う。

子どもが生まれる前の自分に教えてあげたい。自分が思っているよりも血の繋がりは絶対的なものではなかったよ、と。

推し活の果てに

ホストに人生丸ごとベットする25歳女性

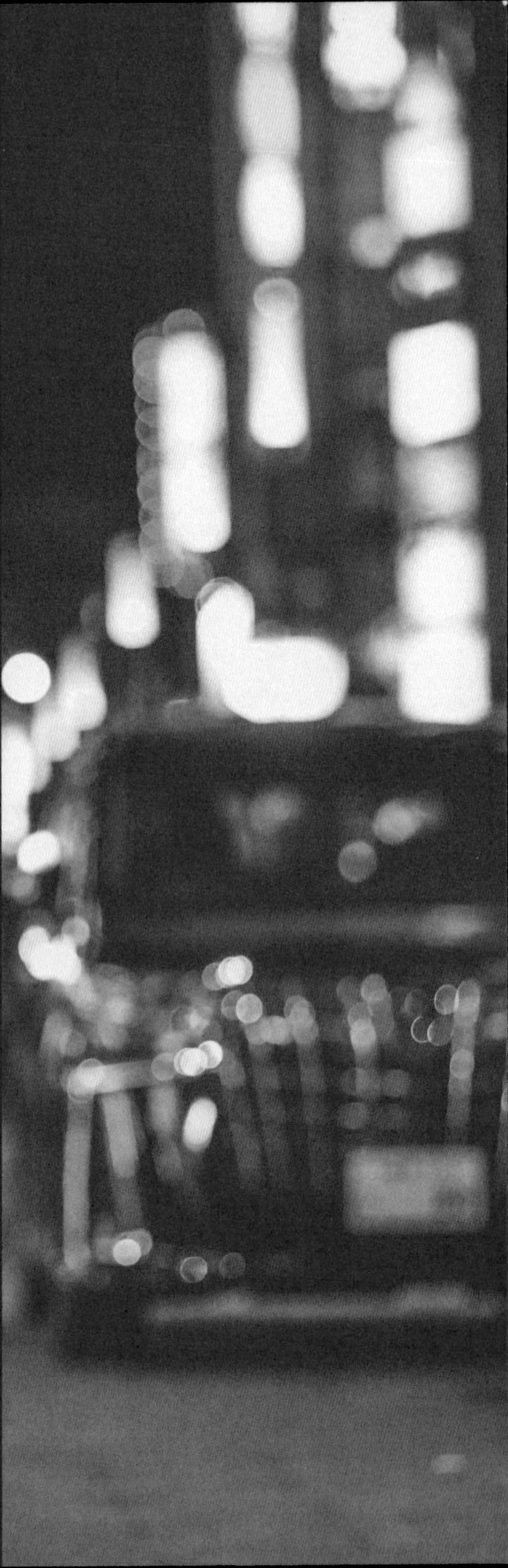

第3章

取材後に聞いた「逮捕」の知らせ

僕が運営する「アットホームチャンネル」では、これまでたくさんのホームレスの人々を取材してきた。基本は顔出しでの出演をお願いしているが、第1章と第2章で取り上げたモカさんやユイト君のように未成年などの事情があれば、動画では顔にモザイク処理を施している。1回だけの出演だったり、数回にわたって密着したり、チャンネルで公開した動画の形はさまざまだが、動画の公開後も彼らとの交流は続いている。SNSなどで連絡をもらうこともあるし、僕の方から彼らのいる路上や公園へ出向いて近況を教えてもらうことも多い。何より、取材した彼らが今どうしているのか、僕自身が気になってしまう。

マナミさん(当時25歳)も、長期にわたって交流を続けているホームレスの一人だ。彼女と2021年の秋に初めて出会ったあと、およそ1年に及ぶ取材を続けて、その間にマナミさんにまつわる動画を10本以上公開している。

「マナミさんが逮捕された」

そんな知らせが「アットホームチャンネル」に届いたのは、２０２２年の8月だった。

その数ヶ月後、執行猶予付きの有罪判決を受けて釈放されたマナミさんに、僕は再度インタビューしてその様子を動画で公開した。

マナミさんは、ホストクラブに通い詰めて金銭的に困窮し、ネットカフェ暮らしをしている女性だった。彼女がなぜホームレスとなったのか、なぜ逮捕されることになったのか、そして現在の彼女との交流はどうなっているのか。本章では、マナミさんとの出会いから現在に至るまでの経緯をまとめておく。その中には、僕が取材中に感じた葛藤も含まれている。

地べたに座り込むスッピンの女性

２０２１年9月、僕は高田馬場から新宿へ向けて自転車を漕いでいた。時間は19時頃で、夜の街を走り抜けると、自分の顔に当たる空気が秋の夜風のように清々しく感じられる。

YouTubeで「アットホームチャンネル」の活動を始めてから1年半。この日も、高田馬場にある戸山公園でホームレスの人たちに取材をしていた僕は、ふと思った。

「そういえば歌舞伎町でインタビューしたことがないな」

それまで僕が取材交渉をしていた場所は、ホームレスが集まる戸山公園、上野公園、代々木公園など、駅近くの路上がメイン。池袋駅や新宿駅の駅前の路上で寝起きしているホームレスに声をかけることは多かったが、歌舞伎町では取材したことがなかった。戸山公園の取材を終えたあとで陽は落ちていたが、僕は自転車で歌舞伎町まで足を延ばしてみることにしたのだ。ちなみに、第1章で紹介したモカさんを歌舞伎町で取材したのは、この数ヶ月後のことだ。

住居表示でいうと高田馬場も歌舞伎町も新宿区にあり、JR山手線の駅なら新大久保駅を挟んで2つ隣。自転車を走らせた僕が歌舞伎町の奥へと入っていったのは19時30分を過ぎたあたりで、通りはすでに多くの人たちで賑わっている。小綺麗な身なりで足早に歩く出勤前のホストやキャバ嬢とすれ違い、必要以上に目線を合わせてくる黒人の客引きを笑顔でかわし、これからこの街に搾取されるであろうスーツ姿のサラリーマンの群れを眺める。つい先ほどまで僕が感じていた秋の夜風の清々しさは、歌舞伎町に入った途端に人々の欲望の渦に吸い込まれて消えてしまったようだった。

ゆっくりとしたペースでペダルを踏みながら、僕はホームレスを探した。ホストクラブやラブホテルが立ち並ぶ区画を突っ切り、西武新宿駅方面に向かう途中、大久保公園のあたりを通りかかった。どこに行っても灯の多い歌舞伎町の中で、大久保公園の周りだけは時間通りの夜の暗がりに包まれていた。その暗がりの中、公園の輪郭に沿うような形で点々と女性が立っている。さらに、その女性たちを数メートル離れた場所から物色するように眺める男性が複数人。夜の大久保公園には異様な空気が漂っていた。このあたりは立ちんぼのメッカとして知られている。自転車を走らせていると、道に面した自動販売機の脇に力なく座り込んでいる女性が目に入った。

ホームレスにインタビュー取材を続けたおかげで、僕にもある程度は眼力のようなものが備わってきたのかもしれない。その女性を目にした瞬間、僕は彼女がホームレスであることを察知した。髪はボサボサで、ピンクのロンTにはところどころ染みのような汚れがついている。そして、公園の周りに点々と立つほかの女性たちとは決定的な違いがあった。それは、ほかの女性たちは立っているのに、自動販売機の横にいる彼女だけが地べたに座り込んでいることだ。自動販売機の灯りを頼りに目を懲らすと、公園の周りに立つ女性たちがメイクやファッションに多少なりとも気を遣っていて、群がる男性から少しでも視線を集めようと努力しているのが見て取れる。だが、座り込んでいる彼女だけがスッピンだった。間違いない。彼女はホームレスだ。僕はそう確信して自転車を公園の横に停め、その女性に声をかけた。

「すみません。僕、青柳と申します。今、ネットカフェなどに寝泊まりしている方の取材をさせていただいてるんです」

ホームレスだと確信はしたものの、女性は見たところまだ20代。これまで僕が会ってきたような、ダンボールやテントで寝泊まりするタイプのホームレスと同じタイプには見えなかった。「ホームレス」という断定的な単語を避けて「ネットカフェ」というワードを使ったのは、そうした僕なりの〝予測変換〟が頭の中で咄嗟に反応したからだ。

その女性は黙ったまま僕の目を見上げた。すごく虚ろな目だった。

「よろしければ、少ないですが謝礼をお支払いするので、ちょっとだけお話を聴かせていただけないですか?」

「……いいですよ」

これが、マナミさんとの出会いだった。

ホストに注ぎ込んだ金額は2000万円

「ちなみに、今ここで何をしてたんですか？」

「立ちんぼです。あ、お兄さん警察じゃないですよね？」

「立ちんぼをしている」というマナミさんの返答を聞いて、僕は少し意表を突かれた。今いる場所からして、彼女が立ちんぼをしていることはもちろん想定の範囲内だったが、それを正直に、会ったばかりの男に話してしまう、というマナミさんの反応が僕には意外だった。僕は「カメラを向けられているのに、こんなことを言ってしまうなんて……この子、大丈夫かな？」と感じて、警戒心の薄いマナミさんのことが少しだけ心配になった。


僕はマナミさんと同じように自動販売機の近くにしゃがみ込んで、本格的に彼女へのインタビュー取材を始めた。

「マナミさんは今、ホームレスをしていらっしゃるんですか？」

「はい」

今度は「ホームレス」という言葉をマナミさんにぶつけてみたが、彼女の反応はそれまでと特に変化はない。淡々と、というよりも、虚ろという感じで僕の質問に答えていく。

この時点で、マナミさんがホームレスを始めて半年ほど経過していたが、寝泊まりは路上ではなく〝お客さん〟の家やネットカフェなどが多いと話した。そのお客さんというのは風俗店勤めをしていた頃の客だという。風俗店を辞めた今でもスマホを介して繋がっていて、時々フリーランスの風俗嬢として客の家に呼ばれていた。

風俗店で働いていたのなら、不景気とはいえ生活できる程度の金銭を得ることはできたのではないか。マナミさんがホームレスになった理由はなんだったのだろう。僕は頭に浮かんだ疑問を率直に聞いてみた。

「僕は風俗ってお金もらえるイメージだったんですけど……」

「稼げました」

「なのに、お金なくなっちゃったんですか？」

「はい」

「なぜ……ですか？」

「ホストで使っちゃって」

「風俗でお金は稼いでたけど、全部ホストで使ってしまったんですか？」

「はい」

「ちなみに今までホストで、トータルで言うとどれくらい使ってるんですか？」

「2000万円くらい」


僕は絶句した。か細い声でなんとか「え……2000万円ですか？」と返すのがやっとだった。ホストクラブで散財する女性のエピソードはよく耳にする。しかし、ホームレスになってしまった女性から、2000万円もホストに注ぎ込んだ、という話を聞かされて、僕は心底驚いてしまった。

マナミさんによると、風俗で働きながらホストクラブに通い、これまでに総額で2000万円を使ったという。大金を注ぎ込んだホストとは付き合うことができた。一時は同棲していたが、結局は自然消滅のような形で別れることになり、当時二人で借りていた部屋も解約。ホストで散財してしまったマナミさんには新たに部屋を借りるお金は残っておらず、ホームレスの生活が始まった。

さらに、マナミさんに聞いてみる。


「ここってめちゃくちゃ歌舞伎町（のど真ん中）じゃないですか」

「はい」

「結構、会うんじゃないですか？（別れた）彼氏さんに」

「たまに会いますね」

「ここにこういう感じで座ってたら（元彼が）びっくりするんじゃないですか？『何してんの？』ってならないですか？」

「ならないです」


元彼は歌舞伎町のホストクラブで今も働いているらしく、ホームレスになって路上に座り込んでいるマナミさんの目の前を、出勤途中に通りかかることもあるとか。彼女の口ぶりからすると、もう二人の間で言葉を交わすことはないようだ。別れた相手とはいえ、路上に座り込んでいるのを見て、そんなに無関心のままでいられるだろうか……。

僕の中に「そもそも元彼はマナミさんのことを大事に思っていなかったのでは？　彼女がどうなろうと、お金を使わせることだけが目的だったのでは？」という考えがどうしても浮かんできてしまう。

僕が踏み込んだ質問をしても、マナミさんは悲しんだり言い淀んだりせず、感情の見えない虚ろな目をしたまま「はい」「そうですね」と僕のインタビューに答えていた。

ホームレスになっても続けるホストクラブ通い

元彼との経緯を聴いたあとに、さらに驚いたことがある。ホストに2000万円も使ったマナミさんは、ホームレスとなった今もホストクラブに通い続けていたのだ。

しかも、現在マナミさんが通うクラブのお気に入りのホスト、いわゆる〝担当〟と知り合ったのは、ホームレスになってからだと言うではないか。

この時のマナミさんは、風俗店で働いていた頃から付き合いのある客や立ちんぼで見つけた男性たちを相手に、1日に2万円を稼いでいた。だが、そうやって得たお金はホストクラブで消えてしまう。彼女はホームレスになってから半年ほどだと話していたが、その期間だけですでに100万円以上を新しい担当に使い、数十万円の〝掛け〟を作っていた。掛けというのは、ホストクラブでの飲食代をホストが建て替えるシステムだ。その分のお金は借金となり、のちのちホストから取り立てられることになる。

半年で100万円以上をホストクラブで使ってしまったマナミさん。そのお金があればホームレスをせずに暮らせるのでは？　誰もがそう思うだろう。僕もまったく同じ質問をマナミさんに投げかけた。

またもや「はい」とだけ彼女は答えた。

その虚ろな目を見ていると、マナミさんに「この人はなぜそんな当たり前のことを聞くのだろう？」と思われているような気持ちになり、僕の方がなんだか不安になってくる。

マナミさんの話を聴きながら、僕はあることに気づいた。元彼に使った2000万円も、今の担当に使った100万円も、彼女は「使わされた」「奪われた」という感覚を持っていない様子なのだ。

2000万円を「使わされた」「奪われた」という感覚があれば、相手を恨む感情がその人の中に芽生えても不思議はない。物騒な例えで良くないかもしれないが、2000万円という金額は事件の動機になり得るし、現実には数百万円をめぐる強盗や殺人のニュースも目にする。

しかし、マナミさんが元彼を語る上で基準にしている物差しは、「奪われたかどうか」「恨んでいるかどうか」ではなかった。彼女は元彼とのエピソードを「好きかどうか」という物差しだけで語り続けた。その時の自分は元彼を好きだったが、今の自分は元彼のことをもう好きではない。マナミさんは元彼との関係を、使った金額ではなく「好きかどうか」という点にこだわって僕に話していた。

マナミさんは2000万円を使ったのに、別れた元彼のことを恨んでいない。そして、相手のホストはマナミさんに2000万円という大金を〝使わせて〟同棲までしたのに、彼女から恨まれることなくスパッと関係を断ち切った。僕は、ホストと客の関係性に対して深い闇を感じつつ、その一方で大きな興味を抱いた。

今、彼女が「担当」と呼ぶホストに対しても、マナミさんは「全部好き」と言い切る。僕は、僕なりに核心を突いた質問をマナミさんに投げかけてみた。

「その人(担当)にホストクラブでお金を使うじゃないですか」

「はい」

「マナミさんの中でゴールはあるんですか?」

「結婚はしたいなと思う」

「だからやっぱりお金を使うっていう感じ?」

「うんうん」

「(結婚)できると思いますか?」

「できないと思います」

「それでも(ホストクラブに)行っちゃうんですか?」

「はい」

「会いたいから?」

「うん」

「元彼のことは、もう別に好きじゃないんですか？」

「はい」

「その人のことも好きで、すごいお金を使ったんですよね。でも、今はもう全然(好きじゃない)。今好きなその人も、いつかそういう時が来る気がしませんか？」

「はい」

「と思ったら、今使ってるお金、ちょっとバカらしい気がしませんか？」

「んー、しない」


僕の問いかけはマナミさんにはまったく響かず、この日の取材は終了した。

推し活は恋愛ラットレース

「推し活」という言葉がある。〝推し〟活動、つまり、アイドルやアニメなど自分が夢中になっている＝〝推し〟ている対象に入れ込んで、金銭や時間を費やす行為のことである。そもそも〝推し〟はオタク用語だったという印象を僕は持っているが、今では特に若い世代の間で「誰推しなの?」「推し変しよっかな〜」「私は箱推しだから」などのように、日常会話の中で普通に使われるようになった。

推し活という言葉が一般社会に広まっていくのと時期を同じくして、推しの対象分野も広がっていったように思う。アイドルやアニメといったオタク的なカテゴリーだけでなく、同じクラスにいる推しメン、コンビニの推しスイーツ、など日常のあらゆる場面に推しという概念は浸透している。

そして、マナミさんと同じように特定のホストに入れ込む女性たちのSNSをのぞいてみると、そこには「推しに会うために今日もホスクラへ」といったメッセージとともに「#推し活」のハッシュタグが付いていることも少なくない。

推し活が僕たちの日常に浸透していく一方、推している対象に入れ込みすぎた挙げ句に生活を破綻させてしまうケースも見聞きするようになった。試しに「推し活　破綻」で検索してみると、推し活の果てに財産を失った、といった内容のニュース記事がいくつも見つかる。

マナミさんは、推し活の果てに2000万円を失い、ホームレスになった。

取材の中で彼女は、「好きな相手といっしょにいたい」「結婚したい」という望みを打ち明けてくれた。同じような願望を抱く同世代の女性は世の中にたくさんいるだろう。この点で、マナミさんと彼女たちとの間に大きな違いはない。

彼女は、高校卒業をしてから1年半ほどの間、事務の仕事で収入を得ていたという。月に13万円という月給が低いと感じて、マナミさんは会社を辞めてセクキャバで働き始めた。昼職を辞めたあとにセクキャバ嬢に、という経歴は確かに一般的ではないかもしれないし、まっとうな歩みではなかったかもしれない。だが、だからといってホームレスになってしまうものだろうか。同じように、低賃金の昼職を辞めて歌舞伎町で働くようになった女性はたくさんいるはずだ。

マナミさんは、同世代の女性たちと大差ない生き方をしてきたのではなかったのか。ではなぜ、彼女たちはホームレスにならず、マナミさんはホームレスになってしまったのか。この大きな差はどこでついたのか。

大学へ進んでいたらとか、昼職を続けていたらとか、転職するにしてもセクキャバではない職場だったらとか、〝たられば〟はいくつか思い浮かぶ。そういったさまざまな要素の中で、現在のマナミさんの姿に大きな影響を与えている、と僕が思うのは、やはりホストの存在である。

マナミさんの恋愛対象はホストだった。ホストとの恋愛が普通の恋愛と大きく違うのは、相手を好きになればなるほど、その気持ちを相手に伝えようとすればするほど、お金が消えていく、という点だ。相手に思いを伝えようと必死になればなるほど、ホストクラブでお金を使うために無理をせざるを得なくなる。異常なほど生活費を切り詰め、家賃や光熱費のためのお金をホストのために使い込んでしまったり、お金が手元になくなっても借金をしたり、高収入の風俗業界に身を投じたり。そんな無理を続けて稼いだ挙げ句、自分の「好き」という気持ちが相手のホストに届く前に、経済状況やメンタルを大きく崩してしまうのは想像に難くない。

そして、自分自身の日常が破綻してお金を稼ぐことができなくなると、ホストクラブでお金を使うことができなくなる。お金を使えないというのは、彼女たちにとっては「好きな人に気持ちを伝える手段がなくなる」のと同じなのだ。だから、ホストクラブに通う女性たちはあの手この手で必死にお金を稼ぎ続けようとする。「あなたが大好きです」という愛情をお金で表現し続けようとする。働き続けても資産が増えない不毛な状態は「ラットレース」と呼ばれるが、マナミさんは言わば「恋愛ラットレース」を続けている状態であり、これこそが、マナミさんがホームレスになってしまった原因なのだ。僕はそう思う。

ホストにハマった女性の日常

マナミさんの１本目の動画を「アットホームチャンネル」で公開したあと、１０００件以上のコメントが視聴者から寄せられた。マナミさんを諭すような意見、ホストクラブのシステムに対する疑問、彼女の将来を案じる声など視聴者の反応はさまざまだったが、その中のあるコメントに目が留まり、僕はハッとさせられた。

「２０００万円は払ったのではなく、そのホストがいたから稼ぐことができたお金」

なるほど。２０００万円をマナミさんが元彼のホストに奪われたかのように僕は捉えていたが、彼女からすれば２０００万円というお金自体、その元彼がいたから稼ぐことができたお金だと捉えているのかもしれない。つまり、元彼がマナミさんにとってお金を稼ぐためのモチベーション、いや、生きるためのモチベーションになっていた。

ならば、と僕は考えた。ホストに対する推し活がモチベーションになっているのならば、それに代わるものが見つかれば、彼女は今の生活から脱出できるのではないだろうか。

初めて会った日、ずっと虚ろな様子だったマナミさんが唯一声を張ったのは、「今の担当ホストのどこか好きですか？」という僕の問いに対して答えた時だった。

「全部好き！」

わずかな変化だったが、彼女の虚ろな瞳の中に燃えたぎる情熱を僕は感じ取った。その恋愛に対する情熱をほかの何かに向けることができたら、情熱を傾ける先が恋愛だったとしても相手がホストではなかったら、マナミさんの現状を変えるきっかけになるのではないか。

そして僕は、マナミさんが〝ホストではない彼氏〟を見つけることはできないだろうか、と考えた。すべてを捧げてしまうような推し活にハマるマナミさんに、ホストではない彼氏がいれば、ホストクラブで散財をすることもなくなるかもしれないし、ホームレス生活から脱出できるかもしれない。

そう思い立った僕はすぐにマナミさんに連絡を入れて、会ってもらう約束を取り付けた。最初の出会いのあと、数週間後にもう一度話を聴きに行っていたので、次に会うのが3回目の取材ということになる。

当日の夕方、マナミさんと待ち合わせをした場所は、初めて会った自動販売機の横だった。少し早めに着いた僕が待っていると、隣接する東京都健康プラザハイジア、通称「ハイジアビル」からマナミさんが出てきて、スマホを操作しながらこちらに歩いてくるのが見えた。

「お疲れ様です」

軽い笑顔を浮かべながら僕に挨拶したマナミさんは、すぐに顔を下に向けてスマホの操作に没頭し始める。僕はカメラを回す前に「寒いですね」「今日は何してました？」などと世間話をしてみるが、彼女はスマホの操作に夢中でまともな受け答えができずにいる。このあとの撮影のことを考えると、マナミさんが今のような〝上の空〟では困ってしまう。僕は「忙しそうですね。誰と連絡を取ってるんですか？」と尋ねてみた。すると、マナミさんはハッとした表情で慌てて答えた。

「お客さんです。すみません。ちょっと今忙しくて……」

マナミさんは歌舞伎町での立ちんぼとは別に、ＳＮＳやネットの掲示板を使ってその日の客を探している。待ち合わせをした夕方は、マナミさんにとって一日の中で最も重要な時間帯だった。この時間の営業で、いい反応の客をつかまえられるかどうか。それによってその日の売上が決まってくるのだ。

マナミさんの一日のルーティーンはこんな感じだ。まず、夕方から深夜にかけて大久保公園の自動販売機の脇に座り込み、そこを通る男性に向けて営業をスタートする。それと並行して、常にスマホをチェックしてネットの掲示板などでパパ活相手を探す。首尾よく相手が見つかれば、いっしょにホテルへ行ったり、呼び出された客の家に行ったりして、フリーランスの風俗嬢として対価を得る。報酬の相場は1回あたり1・5〜5万円ほど。客の家に呼ばれた時は、朝までその家に泊まらせてもらうことも多いという。

そして、寝泊まりした場所がどこであっても、マナミさんは午前中に必ず目を覚ます。彼女が通うホストクラブは昼営業をしていて、マナミさんの担当も昼営業に出勤しているからである。目覚めたマナミさんはすぐにホストクラブに向かい、昨晩稼いだばかりのお金を午前中から使い切る。昼過ぎにはホストクラブを出て、またネットカフェなどの寝ぐらへ戻り、夕方まで再び眠る。目覚めると、SNSやネットの掲示板への営業をしながら大久保公園の自動販売機横に向かう。翌日のホストクラブの昼営業が始まるまでに、どうにかしてお金を稼ぐために。

「常軌を逸している」「理解できない」と感じる方もいるかもしれないが、これはホストクラブに通う女性のルーティーンとしては決して珍しいものではない。マナミさんの動画を公開したあとに寄せられたコメントの中には、彼女に対して否定的な意見も多かった。一方で僕のTwitterのＤＭなどには「私もホス狂いです」「他人事と思えず苦しかったです」のようなマナミさんの境遇と今まさに同じ状況にいて、マナミさんの言動に共感できる、という声も少なくなかった。そういった方々と何度かやり取りして分かったのは、マナミさんのような生き方は〝歌舞伎町あるある〟だということだった。僕を含めて、視聴者の多くは歌舞伎町という街のことを深く知っていたわけではない。そういう視点でマナミさんの動画を見ると驚きの連続なのだが、歌舞伎町の住人たちにとっては「何を今さら……」といった程度の日常風景なのかもしれない。

1年ぶりのメイク

3度目の取材だったその日も、マナミさんは化粧をしていないスッピンの状態だった。マナミさんは化粧、髪型、服装など、同世代の女性が当たり前のように気をつけている身だしなみを「不要だから」「面倒だから」という理由で排除しており、お風呂すら入る方が珍しいという日々を送っていた。

前述したルーティーンを守って行動し、少しでも不要だと感じるものは決して取り入れない。そんなマナミさんの生活ぶりは、まるで「お金を稼いで、それをホストに使う」ということだけをプログラミングされた忠実なロボットのように僕には見えた。

しかし「不要だから」という理由で身だしなみへの気遣いを排除する、という考えは、当然女性としての魅力の低下に繋がるのではないか。見た目の美しさや清潔感は、体を売るマナミさんの生業にとって大事な要素でもあるが、彼女自身もその点は自覚しており、「初めて会うお客さんに玄関先でひどいことを言われて、帰されることもあった」という。

僕はマナミさんに「今日、お化粧をしませんか？」と提案した。そもそも、僕がこの日の取材を申し込んだのは、マナミさんにホストではない彼氏を見つけたらどうか、と提案するためだった。前述した通り、彼氏を見つけることができれば、ホームレス生活から抜け出すきっかけになるのではないか、と思ったからだ。誤解のないように明記しておくが、化粧を勧めたのはマナミさんの生業の売上を向上させるためではないし、その売上でホストクラブにもっと通えるようにするためでもない。あくまで「マナミさんの彼氏を見つける」ために提案してみようと思ったのだ。

僕の提案を「いいですよ」と承諾してくれたマナミさんといっしょに、近くのドン・キホーテへ向かった。店内で楽しそうにメイク道具を選ぶマナミさんの姿は、どこにでもいるただの25歳の女性であった。

レジで会計を済ませたあと、メイクをしてもらうためにどこか別の店を用意しようと僕は考えていたが、マナミさんは「ドンキのトイレでいいですよ」と言ってメイク道具を持ってトイレへと入って行った。僕は外で彼女が出てくるのを待った。

20分ほど経っただろうか。化粧を終えたマナミさんの姿が店内に見えた。店の外で待つ僕の場所からでも分かるほど、その表情はにこやかだった。そんな笑顔を浮かべるマナミさんを見るのは、出会ってから初めてのことだった。メイクを施した彼女は、とても華やかで明るい雰囲気となっていた。

「めちゃくちゃ良いじゃないですか！　どうですか。1年ぶりのお化粧は？」

僕は率直な感想を口にして、マナミさんにこう尋ねた。ドンキに向かう道すがらの会話で、彼女が化粧をするのはおよそ1年ぶりのことだと聞いていた。ちなみに1年前は風俗店に勤めており、店に出るために化粧をしたのが最後だったらしい。

「化粧って楽しいなって思いました」

マナミさんの表情はとても穏やかだ。このマナミさんを見たら、まさか歌舞伎町でホームレスをしているなんて誰も想像できないであろう。ドンキから出たあと、僕は化粧を勧めた理由と「彼氏募集」について、彼女に伝えてみた。

先ほど書いたような僕なりの考えを、マナミさんになるべく分かりやすく話したつもりだ。マナミさんは僕の話をいつになく真剣な表情で聴いていた。

僕が運営している「アットホームチャンネル」では、絵を描くホームレスの個展を企画したり、元プロボクサーのホームレスをトレーナーとして採用してくれるジムを探したり、といった活動を行ってきた。その際に僕が特に気をつけているのは、こういう活動が〝押し付け〟にならないようにすることだ。「押し付けたくない」「押し付けられたくない」というのは誰もが感じる当たり前のことだ。だが、その場のノリで意に反する返事をしてしまう、というケースも世の中には多い。僕自身も押し付けられた経験を何度もしてきた一人であり、「あの時ちゃんと断ればよかった……」と後悔したこともある。反対に、僕は自分自身が〝押し付けてしまう〟タイプの人間であることも自覚している。自分が「こうだ！」と思ったことを勢いにまかせてまくし立て、相手の気持ちを無視して物事を進めてしまうことがある。

僕は自分の性分をふまえつつ、マナミさんの反応を見逃すまいと注意を払った。「彼氏募集」という提案が押し付けにならないように、「もしよろしければ、うちのチャンネルで募集してみませんか?」とマナミさんに尋ねると、マナミさんは「あ……はい」とだけ答えた。

彼女の顔からは嬉しさと恥ずかしさが分かりやすくあふれており、1年ぶりに赤く塗られたチークが一層赤く見えた。そこに押し付けを感じている様子はなく、僕は提案を受け入れてくれたマナミさんに感謝しつつ、ホッとした気持ちで胸を撫で下ろした。

「彼氏募集」が中止になった顛末

こうして、マナミさんの彼氏募集が「アットホームチャンネル」でスタート。動画内で彼氏の候補者を募った。

もちろん、不安要素がなかったわけではない。僕が想定した最悪のケースは2パターンあった。1つ目はとんでもない量の冷やかしメールが届くことだ。この場合、メールの中に1通でもいいから真剣なメッセージがあれば良い、と僕は腹をくくっていた。応募してきた男性の真剣さを確認するために大量のメッセージに目を通さないといけないが、その確認作業は僕の役目だ。もう1つ想定していたのは、メールが1通も来なかった場合だ。マナミさんの日常生活を赤裸々に動画にしているため、誰からも見向きもされないというのもあり得ない話ではない。顔を少し赤らめて嬉しそうに「あ……はい」とつぶやいたマナミさんの顔が、僕の脳裏をよぎる。

そんな僕の心配をよそに、蓋を開けてみれば20件ほどの応募メールが届いた。件数を見るとかなりリアルな数字だ。そのうち、冷やかしや面白半分で真剣さを欠いている、と僕が判断したものは2、3件程度で、あとはどのメッセージからもマナミさんとの交際を真剣に望んでいる気持ちが伝わってきた。

その結果を僕はすぐにマナミさんに伝えた。すると彼女は、「えぇ～。本当ですか～!」とまんざらでもないリアクションだった。まるで、クラスの女の子が友人に「○○君があんたのこと好きらしいよ!」と言われた時のような反応だった。僕は少しはしゃぐようなマナミさんの様子を見て腹から笑い、マナミさんとの仲が友人としてどんどん深まっていく感覚を覚えた。

「これは絶対うまくいく」

マナミさんの彼氏募集がいい形で実を結ぶことを、僕は心の中で確信した。

ところが、僕の知らないところでマナミさんの周辺が騒がしくなっていた。

僕のチャンネルに出演したあと、彼女のもとにはさまざまなYouTuberから出演オファーが届いていたのだ。「アットホームチャンネル」でマナミさんの3本目の動画が公開されるのと同じ頃から、ほかのYouTubeチャンネルの動画にも彼女は出演するようになった。もちろんマナミさんとは専属契約を結んでいるわけではないし、同じように彼女が他のチャンネルに出演しようと決めたのなら、そこに僕が口を挟むのは筋違いというものだ。多くの声がかかることで、マナミさんにとって良い結果に結びつくのであれば、あるいは結果は出なくとも何かのきっかけを彼女がつかめるのであれば、それは喜ぶべきことだ。僕のチャンネルだけでなく、さまざまな人と交流を深めて、ホームレス生活から抜け出してほしいと心の底から思っている。

しかし、である。ほかのチャンネルで公開された動画の中には、彼女を〝おもちゃ〟にしているかのような、ふざけた内容のものも目についた。そういった動画の中身やその善し悪しについてここでは言及しないが、僕はマナミさんの今後が心配だった。

そんな状況の中で僕はマナミさんとのやり取りを続け、彼氏募集プロジェクトを慎重に進めていた。また、マナミさんの方も支援団体の力を借りて生活保護を受けるに至ったことや、そのおかげで新居を手に入れたことなどを、僕に教えてくれた。

生活保護を受けるようになった彼女に対して、僕は気がかりなことがあった。それは受給したお金をホストクラブで浪費してしまうのではないか、という点。

生活保護費の受給者の中には、受給したお金をパチンコなどのギャンブル、お酒やタバコなどの嗜好品、キャバクラやホストクラブなどの遊興費として浪費してしまう人も少なくない。

僕はマナミさんに「生活保護のお金でホストクラブに行かないように」と何度も声をかけている。そもそも生活保護は、生活困窮者に対する支援であると同時に、自立をサポートするという明確な目的がある。マナミさんの場合、担当のホストに大金を注ぎ込む行きすぎた推し活が彼女の自立した生活の妨げになっていることは明らか(少なくとも僕はそう思っている)であり、生活保護費をホストクラブで散財するのはマナミさんにとって悪影響しかない。そして、生活保護費受給者の暮らしぶりはケースワーカーによってチェックされ、受給者は受けた指示に従わなくてはならない。彼女の暮らしぶりを見れば、ケースワーカーは僕と同じように「ホストクラブに行かないように」と指導したはずだ。ギャンブルでも酒でもタバコでも、度を越すような浪費であればやめるように指導が入るのはおそらく間違いない。

そして僕が恐れていたことは、現実のものとなった。

最初の出会いから7ヶ月ほど経った2022年の春、僕のもとに「マナミさんが毎日のようにホストクラブに行っている」という内容のDMが届いた。DMはかなりの数に上っており、その中には来店した日付や店でシャンパンを入れたかどうかなどの具体的な記述もあった。僕は歌舞伎町を訪れ、マナミさんに直接問いただした。彼女は「そんなに行ってない」などと言い訳を並べながらも、明確には否定しない。

僕は、彼氏募集プロジェクトを中止することにした。ホストクラブ通いをやめるきっかけになれば、という思いでプロジェクトを進めてきたが、隠れて通っているのなら本末転倒だ。それに、嘘をついてごまかすような言動を見ると、せっかく応募してくれた男性と今の彼女を引き合わせることをためらってしまう。

「今のその状態で彼氏募集を継続するのは難しいと思って。マナミさんと付き合いませんかって誰かに紹介することは……ごめんなさい。できないですね」

僕がこう告げると、マナミさんは静かにうなずき、いつもと変わらない口調でこう言った。

「はい」

淡々とした受け答えではあったが、彼氏募集が中止になってマナミさんは僕が想像していた以上に落胆していた。僕は雑居ビルの段差に並んで座り、長い時間マナミさんと語った。

ホスト通いの先に何を得られるのか、と僕は問いかける。

結婚したい、と最初に会った時と同じように彼女は胸の内を明かす。

正直なところホストと結婚はできないと思う、と僕は率直に意見を伝える。

こんな二人の姿は、取材者と取材対象者だったのか、友人同士だったのか、あるいは気ままに生きる若者と説教をたれるおっさんという関係でしかなかったのか、僕には分からない。


それから2ヶ月後、マナミさんは生活保護を打ち切られることを僕に明かした。どうやら、生活保護を担当する福祉事務所に通報があったらしい。ホストクラブ通いを続けるマナミさんの目撃情報は、僕のSNSにもDMが届き続けている。生活保護を打ち切られるのがホストクラブに通っていたせいなのか、立ちんぼなどで稼ぎがあるのに隠していたと見なされたせいなのか、あるいはまったく違う理由なのか、本当のところははっきりしない。ただ、マナミさんが言うには、生活保護の廃止通知書が彼女に届いたという。せっかく手に入れた部屋の家賃をどうするつもりなのか僕は心配したが、マナミさんは「自分の稼ぎでなんとかするしかないですね」と話し、うろたえたり焦ったりする様子は見せなかった。

「100万円振り込んでください」

さらに1ヶ月後の2022年7月。僕はマナミさんの9本目の動画を公開し、その概要欄には視聴者に向けてこんなメッセージを書いた。

「当チャンネルは、現在取材を行なっている歌舞伎町ホームレスのマナミさんのSNSをフォローする事を推奨致しません。万が一、トラブルが発生した場合、当チャンネルは一切の責任を負いかねます。何卒ご理解のほどよろしくお願い致します」

この時期、マナミさんは自分で客をとるのではなく、風俗店に勤務するようになっていた。また、僕は知人である絵描きのホームレス・エノビさんの個展をお手伝いしつつ、個展当日の会場スタッフとしてマナミさんを紹介する、といった形で彼女とのやり取りを続けていた。

順風満帆にはほど遠いが、ホームレス生活から脱却してマナミさん自身の足元を固められそうな気配もわずかだが漂っていた。

そんなポジティブな要素がある一方で、懸念すべきこともたくさんあった。マナミさんはほかのYouTubeチャンネルにも変わらず出演を続けていて、彼女が悪い印象を持たれないか僕は気がかりだったし、マナミさんにまつわるタレコミのＤＭは以前と変わらず僕にたくさん届いていた。

僕がマナミさんの動画の概要欄に「万が一、トラブルが発生した場合」と注意喚起の文言を記したのも、ＤＭによるタレコミが発端だった。

「マナミちゃんのInstagramをフォローしたら『１００万円振り込んでください』というＤＭが来た」

僕が目にしたタレコミにはそう書かれていた。

僕は自分のアカウントとは別に、検証用のアカウントを作ってマナミさんのInstagramをフォローしてみた。すると、すぐに「今すぐお金１００万円振り込んでください」というＤＭが送られてきた。当然マナミさんは僕だとは知らずにこのＤＭを送っているのだろう。さらにやり取りを続けると、彼女からこんな内容のボイスメッセージまで届いた。

「大好きです。これからも末永くよろしくにゃん。とりあえず、明日30万円を23時に振り込んでいただければ、私はとてもとても嬉しいでございます。明日30万5000円振り込んでください。よろしくお願いします。大好きです。愛してます」

何度も取材し、動画編集の際に何度も聞き直した、マナミさんの声だった。

タレコミは本当だったのだ。

「にゃん」という語尾を付けたメッセージはバカバカしく聞こえたし、「30万円」と言っていたのにすぐに「30万5000円」に変わっているあたりは正直稚拙な印象を受けた。

僕はまたもや、マナミさんに直接会って話を聞いてみることにした。別アカウントで試したことはいったん伏せて「身に覚えありますか?」と尋ねると、彼女は「なんか悪用されてるみたい」と、不正ログインによる乗っ取りか何かだと主張した。

僕は、検証用のアカウントで試してみたこと、タレコミと同じような内容のDMが届いたこと、さらにマナミさんの声でボイスメッセージが届いたことを、彼女に問いただす。

マナミさんは、今度は「お客さんに言われてやった」と説明するが、今ひとつ説明の筋道がはっきり見えない。生活保護費の用途を尋ねた時に嘘をついていたという経緯もあって、こんなあやふやな説明では納得できなかったし、マナミさんは何かをごまかしている、と僕は感じてしまった。

僕は、個展のスタッフとして働いてくれたことや、風俗店に勤め始めて家賃をちゃんと払っている姿を思い浮かべ、マナミさんに率直な気持ちをぶつけた。

「本当に、今ちゃんと普通に頑張っているじゃないですか。もったいないですよ。そんなことして、せっかく頑張ってることも応援できなくなっちゃうから」

いつものように、マナミさんは感情の見えにくい表情のまま小さくうなずくだけだった。

同居人が語ったマナミさんの〝本当の姿〟

2022年8月、「アットホームチャンネル」にまたもやマナミさんにまつわる情報提供のDMが届いた。

「マナミさんが逮捕された」

視聴者からこの知らせを受けた僕は、マナミさんの同居人であるミーさん（仮名・当時26歳）に連絡を取ることに成功し、ミーさんへのインタビューを試みた。

彼女をよく知るミーさんへのインタビューは、マナミさん逮捕という情報の真偽を確かめるところから始まった。

「私が聞いたのは、マナミがボーイズバーやホスクラの6店舗でクレジットカードを盗んで、もしかしたら捕まるかもって言っていた話です」

盗んだカードが使われたボーイズバーのオーナーからこの話を聞いたミーさんは、マナミさんにどうなっているか尋ねたという。すると、彼女は「クレジットカードは借りたものだ」と返答したらしい。僕の頭の中でなんとなく、生活保護費の件や１００万円を要求するＤＭの件と重なってしまう。そして数日後、マナミさんは実際に逮捕された。

しかも、ミーさんによると、マナミさんが逮捕されるのは２０２２年に入って3度目だという。

「今年に入って3度目ですか⁉」

「なので、起訴されれば数年出てこられないって弁護士から聞いてます」

まったく聞いていなかったマナミさんの逮捕歴を耳にして、僕は少し大きな声をあげてしまった。

ミーさんは、マナミさんに対して何度も注意したことを強調した。

「人のモノを盗んだりとか犯罪を犯しちゃダメだよって言ってるので、それでも続けたあの子が悪いと思う」

ミーさんがマナミさんと知り合ったのは大久保公園周辺。現在のミーさんはデリヘル、ホテヘル、パパ活などを掛け持ちしながら生計を立てており、彼女もマナミさんと同じようにホストクラブに通っている。同居するほどにマナミさんと仲良くなった理由を聞くと、ミーさんはこう答えた。

「やっぱり、お互いホス狂いだから」

インタビューの最中、僕はミーさんの態度から、マナミさんへの苛立ちのようなものを感じ取っていた。マナミさんが逮捕されたことをきっかけに不仲になったのか。僕はミーさんにマナミさんとの現在の関係を尋ねてみた。

「今も仲はいいんですか？」

「微妙ですかね。あの子は結構、虚言吐く子なんで。全部真実じゃないっていうか。腹が立ちますね」

ミーさんは、マナミさんの虚言癖に対してイライラしている様子だった。ミーさんによると、逮捕前まで同居していた家賃はすべてミーさんが支払っていたという。僕は、マナミさんが風俗店で働き始めて、自分の稼ぎで家賃を払えるようになったと思っていた。だが、本当は家賃を払っていたのはミーさんだったようだ。しかも、ほかのチャンネルの動画でマナミさんは「同居人（ミーさん）が家賃を払ってくれない」と嘆いていた。このマナミさんの虚言について、ミーさんはこんなふうに憤慨する。

「（私が）家賃払ってなければ、あの子がホスクラに行けるわけがない」

ミーさんはこう続ける。

「だって、生活保護のお金、13万円しかないんですから。そのお金で家賃払ったら、もうあと7万円しか残らないじゃないですか。で、携帯代が2万円だとします。残るお金が3〜4万円だとします。そのお金でホスクラって行けます？　無理ですよね……ってなる時は私が家賃払ってます」

二人の間では、家賃をマナミさんが負担し、公共料金や日用品の費用をミーさんが負担する、というルールになっていた。それをマナミさんが守ってくれないせいで、ここ数ヶ月はすべての生活費をミーさんが負担する形になってしまったらしい。

さらに、マナミさんとの生活について尋ねたところ、僕はまたもや知らなかった事実を聞かされた。同居している部屋をマナミさんが借りたのは2年以上前の２０２０年のことだとミーさんは語ったのだ。僕は、マナミさんの生活保護が決まって部屋を借りたのは２０２１年末だと認識していたので、丸1年以上の開きがある。しかも、マナミさんとミーさんは２０２１年の5月頃から同じ部屋で暮らし始めていた。ミーさんという友人の存在自体は僕も把握していたが、そんなに長期にわたって同居している相手だとは思っていなかった。僕がマナミさんと出会った２０２１年の秋にはすでに彼女たちは同居していた計算になる。

マナミさんの生活保護費の受給が始まった時期も、僕の認識とずれていた。２０２１年の年末頃、彼女は生活保護を受けることになったと僕に伝えてきたが、そこから半年以上前の２０２１年春頃にはすでに生活保護を受けていた、と話すミーさん。

前回の取材時には、風俗店で働き始めていたマナミさんだったが、その店も逮捕される少し前にクビになってしまったらしい。ミーさんによると、店を辞めさせられたのは「コンビニで『これをタダにしろ』と店員に脅しをかけた」のが理由だった。

僕はミーさんの話を聞きながら少し混乱状態に陥っていた。これまでに自分が接してきたマナミさんの姿と、ミーさんが語るマナミさんの姿が、なかなか一致しなかったからだ。もちろん、嘘をついたりごまかしたり、という虚言癖の兆候は僕も感じ取っていた。しかし、コンビニで店員を脅すような言動を見せたとか、この1年だけで3度目の逮捕だとか、どれがマナミさんの本当の顔なのか、僕は分からなくなっていた。

「僕といる時と、（今回ミーさんが教えてくれた）マナミさんの差が正直すごいなという印象があるんですよ。僕にはそういう姿を見せないので」

「マナミ自身は……優しい人とか、大切にしてる人には隠すんじゃないかな。本当のことを」

僕は優しい人間ではないし、ましてやマナミさんにとって大切な存在だったなんて、そこまで自分を買いかぶるような気持ちはない。ただ、僕の中には複雑な気持ちだけが残った。

僕がずっと見てきたマナミさんは、いったいなんだったのだろうか。

その後、マナミさんが拘留されていた警視庁西が丘合同庁舎へ面会に赴き、僕はマナミさんの罪状などを詳しく知ることになった。２０２２年8月、池袋駅で寝込んだ人の財布を盗んだ窃盗の容疑でマナミさんは逮捕されていた。面会の際に感じたのは、マナミさんの肌つやが良く、想像していたよりも元気そうだったことだ。拘留中の規則正しい生活がマナミさんの健康面にいい影響をもたらしているようだった。

僕が見たマナミさんの〝本当の姿〟

それからおよそ1ヶ月が経った10月、マナミさんが釈放されたという知らせを受けて、僕は彼女にあらためて逮捕についてのインタビューをお願いした。

逮捕に至った経緯は、それまでに取材した話と大きな違いはなかった。釈放されたのはインタビュー前日の10月14日で、釈放後は実家に身を寄せているとマナミさんは話す。逮捕直前の彼女は両親に対して罵倒するような言動を繰り返しており、拘留中に両親が面会に来ることはなかった。過去にお金を無心しすぎたこともあり、そのまま親から見放されても仕方ない状況だったが、マナミさんの父親は再婚相手との生活があるにもかかわらず「今回だけは（マナミさんのために）立ち上がろうと思ったから」と、親心をマナミさんに打ち明けたという。

僕は、ミーさんの話を聴いてからずっと感じていることをマナミさんに話してみた。

「僕といる時のマナミさんとあまりに違うから、同一人物だと思えなくて」

逮捕前の一時期の言動について、マナミさん自身も「ちょっとおかしかった」と認識していた。マナミさんは逮捕される少し前から、新宿を離れて池袋で過ごしていたらしい。この時期に、僕のところには視聴者からマナミさんの奇行を収めた画像や動画がたくさん送られてきた。そこには、路上で下着や素肌をさらけ出して寝転がったり、警察官に取り囲まれたりしているマナミさんが映っていた。統合失調症により精神的に不安定で処方薬を服用していた期間もあり、周囲の状況や善悪の区別が分からなくなっていた可能性も否定できない。

マナミさんは、生活保護の解除に至った原因を通報のせいだと主張し、「そういうことをやられてイライラしてしまった」と胸の内を明かした。逃げ出すように池袋へ移ったあと、「10万円あげるから池袋駅で待ち合わせ」という男性との約束をすっぽかされ、さらにイライラが募って今回の窃盗に繋がってしまった、とマナミさんは説明した。

それはマナミさんの自分勝手な言い分だし、被害者の方がいることを踏まえたら、納得できるはずもない。だが、以前の要領を得ないふわふわした説明と比べると、肯定はできないものの客観的に事態を把握できているような印象を受けた。

釈放されてインタビューを受けているマナミさんは、どこかすっきりとした様子だった。取材を始めた当初から、体のあちこちを掻いたり、掻いて指に残った皮膚や頭皮を口に入れたり、というような行動も頻繁に見受けられたのだが、この時はそんな様子をまったく見せなかった。

虚ろだったマナミさんの瞳には心なしか生気が戻ってきた気もするし、会話の受け答えもしっかりしている。

僕はどうしても気になっていることをマナミさんに聞いてみた。

「釈放されて今日までの間(およそ丸一日)にホストクラブに行きましたか？」

マナミさんは少し微笑んで「ないですね」と返答した。

さらに、僕は尋ねる。

「行きたいなってやっぱり思うんですか？」

マナミさんは「うーん……」と声を漏らしたあと、「正直、行きたい……」とつぶやき、そこでまた「そうですね……。うーん」と言い淀んで考え込むように目を閉じた。マナミさんがホストクラブに行くことをこれほど悩むのは、1年以上にわたる取材の中で初めてのことだった。

気持ちを切り替えたような様子でマナミさんは言葉を続けた。

「今はそうですね、やっぱり……ホスト君の画像とか動画とか観たりして……。気持ちを、そう、そう……」

「気持ちを落ち着かせてる？」

「……っていう状況です」


絞り出すように話すマナミさんに、僕はさらに問いかける。

「でも、それを観ないと落ち着かないんですね？」

「落ち着かないっていうか……好きなんで。やっぱり……うん」


マナミさんは拘留中に、担当ホストに宛てた手紙を2通送ったが、返事は返ってこなかった。そのホストが面会に訪れることもなかった。

インタビューの合間に、自動販売機で飲み物を買ってマナミさんに手渡した。ここは歌舞伎町ではなく、マナミさんの実家近くの住宅街だ。あちこちに自動販売機が置いてあるわけではなかったが、路地の途中にぽつんと光る1台の自動販売機を見つけた。

「何がいいですか？」

「クラフトコーラがいいなあ」

クラフトコーラは、出会った頃からマナミさんがよく飲んでいたドリンクだ。「これ、好きですよね。歌舞伎町にいる時もずっと飲んでましたよね？」と聞くと、マナミさんは少し照れたように「フフフッ」と笑ったあと「そうです」と答えた。

「ちょうど1年くらいですよ、もう僕ら出会って」

「えぇ～、そんなに経つんですか？」

そんな他愛ない会話をしながら、僕は自分のボトル缶を小脇に挟んだことを忘れてしまい、あたりを見回していた。「ジジイじゃん、俺……」と小声で愚痴る僕を見かねて、マナミさんは大きな笑顔を見せつつ「持ってますよ」と言って僕の脇あたりを指差した。

そのあと、僕がクラフトコーラを渡すと、マナミさんは嬉しそうに「ありがとうございます。いただきます」と言って缶のプルトップを開ける。「久しぶりだな」と言ってクラフトコーラを一口味わい、マナミさんは缶のラベルを眺めながら「これ、すっごく炭酸が強くて美味しいんですよね」とつぶやいた。

そんなマナミさんの様子を見て「なんでちょっと食レポっぽい感じなんですか?」と僕が笑うと、マナミさんも「アッハッハ」と笑いながらカメラ目線で「ぜひみなさん、クラフトコーラ買ってください」と手に握った缶を掲げておどけて見せた。

そこにあったのは、飾り気のない等身大の、マナミさんの本当の姿だった。

約束の握手

この時実家に身を寄せていたマナミさんは、このインタビューのあと、父親のサポートを得て施設に入る予定になっていた。釈放された翌日に僕のインタビューを受けてくれて、その次の日には施設に入るという。そこがどんな施設なのか、マナミさん自身も詳しいことは把握していなかったが、精神的に不安定な時期のあった彼女にとって良いことなのではないか、と僕は感じた。施設への入所期間は1年間の予定だ。もちろん、マナミさん自身も施設に入ることに納得している。

父親からは、施設を出たら「もう新宿はダメだ」と言い渡されているという。彼女は施設を出た1年後の生活について「地元の病院に通いながら新たな生活を送る」と説明した。

マナミさんは少しずつだが、しっかりと現実を見つめられるようになってきている。ここまでの会話で僕はそんなふうに感じていた。父親のサポートがあるのも心強い。

僕は安堵した気持ちでマナミさんに尋ねた。

「じゃあ歌舞伎町は卒業、ということなんですかね？」

僕が期待していた「卒業ですね」という返事はマナミさんから返ってこなかった。そして、彼女は途端に歯切れが悪くなった。

「うん、まあ……卒業というか……。『もう住むな』ってお父さんに言われて」

「え、じゃあ、住まないだけでマナミちゃんまた……その施設から出てきたら歌舞伎町にも遊びに行こうかと思ってるんですか？」

僕は心の中の動揺を抑えつつ、責める口調にならないように気をつけながら、いつもと同じトーンでマナミさんの本心を聞き出そうとした。

「遊びに行こうっていうか……ホストと会いたいから。その好きな人と。だからお金を貯めて、そのお金を渡そうかなって思ってます。渡して会ってもらおうかなって考えてます」

こう答えたマナミさんは、続けて「ホストクラブに行くのではなく、店の外でホストに会う」のだと自分の意図を強調した。さらに、施設にいる間も、施設の人が許可するならホストに会いに行きたいと話した。

僕は我慢できず、少し感情的になって彼女にこう言った。

「1年間、もう完璧に歌舞伎町から離れた方がいいですって！」

さらに僕はマナミさんに向かってまくし立てる。

「捕まったじゃないですか？　で、出てきたでしょ今回？　捕まる前の自分を振り返った時におかしかったなって思ったでしょ？」

「うん」

「それと同じように、1年間まったく歌舞伎町に行かずにその施設で過ごして、1年後に歌舞伎町のホストクラブに通っていた時の自分を振り返ったら、おかしかったなって絶対思えるから。1年間はもう一切、行かないほうが良いと思います。たぶん、お父さんが与えた機会ってそういうことだと思うんですよ」

僕が話している間、マナミさんは僕の顔をじっと見つめて真剣に聞き入っていた。

「この1年間は（ホストに）会いたいだろうし、キツいかもしれないけど、行かないほうが良いですって。施設の人が『行ってもいいよ』ってもし仮に言ったとしても、この1年は1回我慢してみたら？」

僕が話し終えると、マナミさんは静かにまばたきを繰り返して、考え込むような表情を浮かべた。そして小さい声で「我慢できるかな……と思って」と切り出した。続けてマナミさんは「ストレス発散でホスト遊びをしていた」とも口にしたが、僕はすぐにこう応じた。

「ストレス発散でやっていたっていうのも分かるんですけど、それがもう精神依存になっちゃってる感じがする」

そして、今までマナミさんに直接言ったことのない、だが、僕の頭の中には常にあった考えをマナミさんに伝えた。

「クスリといっしょですよね。『楽しい』で始めたんだけど、気がついたらそれなしでは生きていけなくなっちゃってる。マナミさんにとってのホストは、まさにそれだと思いますよ」

彼女は黙って僕の話に何度もうなずいている。

「1年間はまったく歌舞伎町（に行くのを）やめてみてもいいんじゃないですか？　それでも行きたければ1年後にまた行けばいいと思うし」

後半の部分は僕の本心ではなかったが、とりあえず目先の1年間だけでもいいからホストと完全に離れた生活を送ってみてほしかった。

「今まで無理矢理に自分を歌舞伎町から剥がそうとしたことなんかないでしょ？　それがお父さんがチャンスを与えてくれたんだから、これを生かしなよ」

マナミさんは僕の顔を真剣に見つめているものの、黙り込んでいた。

「めちゃくちゃ苦しいと思うけど、ちょっとこの1年間耐えてみてくださいよ」

彼女は口を結んで、少しの間だけ目を閉じた。そんなマナミさんの表情を見て、僕は「約束はできない、って感じだね」と言って彼女に笑いかける。僕につられたのか、マナミさんも笑い声を上げて、こんなふうに話した。

「ま、ちょっと頑張ってはみます」

最後に、僕はマナミさんに握手を求めた。

「毒素が全部抜けて、1年後に会えるのを楽しみにしてるんで。頑張ってね、マナミさん」

マナミさんは「はい、頑張ります」と言って、差し出した僕の右手を笑顔で握り返した。

無力感

マナミさんと握手を交わしたあの夜以降も、僕は彼女と連絡を取り続けた。たいていはLINEでのやり取りだったが、週に1回程度は直接会って食事をしていた。

彼女によると〝施設〟と呼ばれた場所は、門限や外泊については決まりがあったが、ほかに厳しい規則や監視があるようなところではなかった。一人暮らしをする上で何かしらの問題を抱えている人向けに家具付きの部屋を貸してくれる、という感じで、生活困窮者や自立困難な人のための支援施設のような場所だったようだ。

握手で約束したあの夜から3週間後、マナミさんは施設を出てしまった。どうやら、彼女のインスタに「マナミさんを支援したい」という申し出があり、その人の用意した部屋に転がり込んだようだ。

そして案の定、マナミさんは歌舞伎町に舞い戻った。

その事実を、僕は彼女自身の口からではなく、ＳＮＳに届いたタレコミのＤＭで知ることになった。そこにはこう書いてあった。

「マナミさん、またホームレスに戻ってますね。歌舞伎町の自動販売機の横に座り込んで、通りかかる人に叫んだりしてます。捕まる前よりひどいかも。ホストにも行ってるみたい」

僕の心に、やるせない無力感がとめどなくあふれてくる。

僕はマナミさんに会いに行き、歌舞伎町に戻った件について話をした。話をしたというより、説教をしたと言った方が近い。

なぜ同じことを繰り返してしまうのか。僕はあの夜に話したことをもう一度、彼女に向かって語りかけた。すると、マナミさんはこんなふうに本音を明かしてくれた。

「私、あの自動販売機の横に座って、立ちんぼやってないと寂しくて仕方ない。だから、寂しさを埋めるために私はここに座ってるんです」

これを聞いた時、不思議と言い訳のようには聞こえなかった。おそらく、これは彼女の本当の気持ちなのだ。冷やかしでもいいから誰かに声をかけられ、一時でもいいから誰かと関係を持つ。たとえお金で繋がっているだけのかりそめの関係であっても、今のマナミさんはそうやって寂しさを埋めるしかないかもしれない。

施設に行って1ヶ月も経たずに、マナミさんは歌舞伎町に戻り、ホストクラブにもまた通い始めてしまった。悪循環をどうしても断ち切れない。そのことに僕は苛立ってしまう。

彼女はこれまでも、立ちんぼとホストクラブ通いのループを繰り返し、その果てに窃盗や詐欺のような行為に手を染めた。たまらない気持ちで「次何かやったら、今度は本当に刑務所だよ!?」と声を荒らげると、彼女は静かにこう答えた。

「私、刑務所に行きたい。自由を奪われないと自立できないから」

彼女自身も、自分がハマっている悪循環に気づいている。そしてこのループから自力で抜け出すのは相当困難なことも分かっている様子だった。

僕は反射的に「そんなこと言ったらダメだよ」と返したものの、頭の中では彼女の言葉に同意していた。刑務所か、あるいは強制力のある施設に行かないとマナミさんは悪循環から抜け出せない。そんなマナミさんに対して僕ができるのは、彼女の思いを聴いて、僕の思いを話す、ということくらいしかない。ここまでが、２０２２年11月までの状況である。その後も彼女のことが気がかりで、僕は今もマナミさんとのやり取りを続けている。

推し活という泥沼

本章の「推し活の果てに」というタイトルには、２つの意味を込めた。１つは、マナミさんという20代の女性が推し活によって悪循環に陥り、荒涼とした砂漠のような〝果て〟に流れ着いてしまったこと。もう１つは、多くの人が趣味として楽しんでいる推し活という行為の〝果て〟には、マナミさんがとりつかれたような〝魔物〟が潜んでいる、という意味だ。

推し活そのものに罪はない。推す対象がアイドルでも歴史上の偉人でもホストでも、そこに大きな違いはない。好きなものにお金を使う、という行為自体は誰でも経験があるはずだ。サーフィンが好きな人ならサーフボードや海までの交通費にお金を使うし、それが高じて海の近くに家を建てる人までいる。〝好き〟という熱量があれば、そして注ぎ込むだけの時間や経済力があれば、人はどこまでもその道を突き進む。他人からどう思われても、本人にとっては気持ちを潤し、人生を豊かにするオアシスのような存在。それが推し活や趣味というものだろう。

でも、マナミさんの場合はハマり方に問題がある、と僕は感じている。好きなものにお金を使うために借金をしたり、お金を盗んだり、となるのは明らかに一線を越えている。

僕の認識では、マナミさんのホストのハマり方は麻薬中毒と同じだ。もちろんすべてがそうだとは言わないし、僕にはホストの友人もいる。でも、少なくともマナミさんの場合は、麻薬と同じような道筋で泥沼にハマっている。会社勤めの収入ではお金が足りなくなって夜の仕事を始めた。それでも足りないから路上で客引きをするようになり、犯罪行為にまで及んでしまった。推し活は、人生のオアシスにも、抜け出せない泥沼にもなり得るのだ。

幸せの形が人それぞれ違うのは分かっている。それでも、マナミさんを見ていると、ホストクラブに行ってなかったら別の未来があったんじゃないかと、どうしても思ってしまう。

僕が取材で知りたいもの

マナミさんの取材後、彼女は他のYouTubeチャンネルにも出演するようになっていた。本編でも触れたが、そこでは彼女を〝おもちゃ〟のように扱っている内容も少なくない。自戒を込めて、僕のチャンネルも同じように思われているのかも、と考えることもあるが、視聴者からは「青柳さんは他と違う」などの感想をもらったりもする。その違いはどこからくるのか、自分なりに考え続けている。

他の動画を目にした時、彼女を〝おもちゃ〟のように扱っていると感じた理由は、「太っている」とか「しゃべり方が変」とか、マナミさんの見た目や言動をおもしろおかしく取り上げるだけだったからだ。彼女自身が望んでやっているのならいいが、おそらくそんなに深く考えず、求められるままに動画に出演している。そこに付け込むように、マナミさんの表面的なところだけが切り取られていくことが僕は悲しかった。

僕が興味を持っているのは、表面的なものではなく、「この人は何を考えているのか」「なぜその考えに至ったのか」という内面だ。マナミさんがメイクをしない理由はなんなのか。取材相手の言動の奥にある〝理由〟を知りたいと思って僕はカメラを回している。

ほかの動画と僕のチャンネルとでは、マナミさんの言っていることが違う、という指摘も視聴者から多く寄せられた。当チャンネルだけに限っても、彼女の言い分はコロコロと変わる。そんな彼女のことを「虚言癖」と言い捨てる人もいた。

だが、相手や状況によって話が変わってしまうことは、大なり小なり誰にでもあるのではないか。昨日と今日で考えが変わることもよくある話なのだ。だから、ただ虚言癖と責めるのではなく「なぜそうしてしまったか」を考えることが大事なのではないか。ネットやＳＮＳ全盛の時代だからこそ、僕はこうした一歩引いたクールダウンが必要だと思う。

彼女は、言うまでもなく一人の人間だ。僕が会っているのは、ホームレスの誰かではなく、マナミさんという一個人だ。僕も、僕の周りにいる人も、完璧な人間ではないように、彼女だって完璧ではない。そんな彼女の思いや体験を僕は知りたい。

生活保護の制度

ホームレスを取材していると、「生活保護」という話題もよく出る。視聴者から「こんな人に生活保護費を渡すのは税金の無駄遣い」といったコメントが数多く寄せられるが、マナミさんの場合も例外ではなかった。

立ちんぼなどでお金を得ていた彼女の場合、生活保護に頼らなくても食い繋ぐだけなら可能だったかもしれない。だが、生活費に加えてホストクラブに注ぎ込むお金も彼女には必要で、足りない分を生活保護費で補おうとした。自ら稼いだお金を浪費するなら文句は言われないが、生活保護費となるとそうはいかない。

「生活保護は本当に必要としている人がもらうべき」という内容のコメントを見て、僕はぐうの音も出なかった。そりゃそうだ、としか言いようがない。それでも、デタラメな人だからこそこういう暮らしになるし、生活保護はこういう人の最後の砦であってほしいとも僕は思う。

生活保護の制度自体に文句を言う人も多い。僕個人の考えでは、制度がおかしいと感じるのなら、自分自身が制度を変えようとするのが手っ取り早い。政治家でもいいし、支援活動から始めるのもいい、抗議運動を起こすのでもいい。この国の制度をおかしいと思っているなら他の国に移住するという手もある。自分で何も行動を起こさずネットに文句を書き込んでいるのは、ただの悪口にしかならない。

僕自身は、生活保護費を誰に渡して誰に渡さないのか、その線引きをあまり気にしていない。それは国や自治体が決めればいい。自分の物差しを突きつけて「この物差しで測れ！」と文句を言うのはお門違いだと思っている。

そもそも、要件さえ満たせば生活保護費を受給することは可能である。つまり、「誰が生活保護費をもらうべきか」という議論自体がおかしな話なのだ。

伝わらない気持ち

第4章

「今日からホームレスになりました」

2022年の秋、「アットホームチャンネル」のTwitterにこんなDMが届いた。

はじめまして。
半年くらい前からYouTube観てました。
いろいろあって今日からホームレスになりました。
いきなりホームレスになったので何も分からないし不安があります。
これからどうすれば良いか相談させていただいてもいいですか?

その頃の僕はというと、第3章で紹介したマナミさんが逮捕後に釈放され、父親のサポートで施設へ行くという彼女を激励して送り出したばかりだった。マナミさんへの取材が一区切りついたと感じている中、彼女と同じように20代でホームレスになることを選択した女性から連絡が来た。このことに、縁のようなものもほんの少しだけ感じつつ、僕はこのDMを送ってくれた相手と会うことを決めた。

待ち合わせ当日、約束の場所だったJR浜松町駅の駅前で待っていたのはアヤリさん（仮名・当時22歳）という女性だった。僕は彼女を見て「とにかく若い」という第一印象を抱いた。本人から22歳という年齢を聞くまで「この子は10代かもしれない」と思ったほどだ。

上はグレーのパーカー、下は黒いスキニーパンツとスニーカーという出で立ちで、改札前の路上に彼女は立っていた。髪型は肩まで届かないくらいのショートヘアで、黒髪からは素朴な雰囲気が漂っている。背中にはキャラクターのようなものをあしらった黒いリュックを背負い、薄い紫色とピンクのキャリーケースを引いている。

オシャレに着飾っている印象はなかったが、かといって着の身着のままという感じもしない。第1章のモカさんや第2章のユイト君のように髪を赤に染めていなかったし、黒ずくめの地雷系ファッションでもない。会ったばかりの頃のマナミさんのように汚れたシャツを身につけているわけでもない。アヤリさんの風貌は、これまでに僕が出会ってきたZ世代のホームレスの人たちとは異なっていた。僕が彼女から感じ取ったものを簡単に表すなら、〝普通〟というイメージだ。駅前に立っていた彼女は一見、一人旅をする学生のようにも見えた。

駅前の狭い路上で話を聞くわけにもいかず、僕はアヤリさんを連れて浜松町駅から歩き出し、東京港に面した遊歩道のある公園で彼女へのインタビューを始めた。

「これからホームレスになられるんですか？」
「そのつもりでいます」

そう答えたあと、彼女はホームレスになる道を選んだ理由について話し始めた。

「一応、まだ家（実家）はあるといえばあるんですけど、帰りたくないからホームレスになった方がマシかなっていう感じです」

アヤリさんの実家は離島にあり、まさに今日船で東京に出てきたばかりだという。待ち合わせをした浜松町駅は、東京港の旅客ターミナルの1つ、竹芝埠頭の最寄り駅でもある。彼女にカメラを向けている最中も、これから船旅に出るのか、それとも船を下りたばかりなのか、同じようなキャリーケースを引いた人々が僕たちの横をたまに通り過ぎていく。

僕はこの時、22歳の若者がホームレスになろうとしている、その瞬間に立ち会っていた。

不仲の姉と姉の味方ばかりする両親

アヤリさんの家族は、彼女が群馬県で生まれたあと、今の実家がある離島に引っ越した。中学生までは島内の学校に通っていたが、中学卒業後にアヤリさんだけが島を離れ、群馬にいる祖母のもとで通信制高校の授業を受けることになった。その後、高校を卒業した彼女は埼玉県の会社に就職したという。

アヤリさんは「1つ目は清掃の会社で、2つ目は光学レンズの研磨の仕事でした。スマホのカメラのところに付いてるやつとか」と説明し、最初の清掃会社は半年、研磨の仕事は2年半ほど働いて辞めたことを明かす。

「仕事を辞めて半年くらいは、貯金を切り崩しながら就職活動をしていました。でも、コロナ禍もあって仕事が見つからず、実家に戻らなきゃいけなくなって」

高校を卒業してから2つの会社に勤めていた期間がおよそ3年、就職活動を続けていたのが半年間。その3年半を経て、アヤリさんは2022年7月に実家のある離島へ戻ることになった。高校入学時に16歳で島を離れたアヤリさんにとっては、約6年ぶりの実家暮らし、ということになる。

両親と姉を含めた家族4人での生活がスタートし、アヤリさんは現地のホテルで清掃のアルバイトを始めた。しかし、そのアルバイトは「一応まだ在籍ってことにはなってるけど、2ヶ月くらいもう全然行ってない状態」だという。

島に戻ってから現在までの数ヶ月間について詳しく話を聞いてみると、どうやら〝姉との不仲〟が彼女の大きな悩みになっているようだった。

姉も同じホテルでアルバイトをしており、彼女は姉との関係を「バイト先で姉とケンカになって。それから（職場から）追い出されるみたいになっちゃって」「姉が気に入らないことがあると八つ当たりしてきて、それでケンカになることがよくあって。ここにいたら自分がもたないかなって思った」と、僕に話した。ちなみに、アヤリさんと姉は一卵性の双子で同じ22歳。子どもの頃は仲が良かったが、高校卒業後から姉妹の仲がぎくしゃくしていったらしい。

話を聞いて、僕は「それ（姉との不仲）がアヤリさんがホームレスをしようと思ったきっかけですか？」と彼女に聞いてみた。すると、彼女はこう答える。

「それより、親とかのことを考えなくていいし、楽かなって思ったんですよね」

姉との不仲だけでなく、両親との関係性にもアヤリさんは悩みを抱えている様子だった。アヤリさんは自分の両親について「ちょっと毒親気質があって……」と表現した。

毒親とは、子どもに対して、まるで毒物のような悪影響を与える親のことを指す言葉だ。肉体的・精神的虐待であったり、ネグレクトであったり、過干渉であったり、といったことが例に挙げられる。近年は毒親をテーマにした本やニュースも多く、日常会話の中で毒親という言葉が使われることも多くなった。

アヤリさんの言う〝毒親気質〟とはどんなものなのか。僕は両親との関係についてさらに質問してみる。

「ご両親とも関係はうまくいってない状態なんですか？」

「あんまりよくないと思います」

「例えば？」

「姉とケンカになっても、必ず姉の味方になって『お前が悪い』みたいな説教をすごいしてきたりとか」

「お母さんとお父さん、どちらも？」

「母は常に、っていう感じです」

「お母さんは常にお姉さんの味方をしている。お父さんはどうですか？」

「傍観者みたいな感じで、たまによく分からないことで怒ってきたりとかはあります」

「あんまりお父さんは関与してこない？」

「はい」


不仲でケンカの絶えない姉がいて、姉の味方ばかりする両親がいる。アヤリさんは実家での家族関係をそう説明した。

家族に愛されていない

アヤリさんは16歳から6年ほどの間、家族がいる離島ではなく、群馬や埼玉で暮らしてきた。彼女が群馬で通信制高校に通っている間、姉は地元の高校に通っており、両親とはずっといっしょに実家で生活してきた。

アヤリさんは、両親が姉の味方ばかりすると感じるようになった時期を「高校卒業後」と認識しており、それは姉との不仲に気づいた時期とも重なる。彼女が実家を離れていた6年の間に、家族の形が変わってしまったのかもしれない。僕が「その間にお姉さんと家族間、アヤリさんと家族間の絆、っていうのがちょっと変わった？」と尋ねると、アヤリさんは「そうだと思います」と即答した。僕はさらにアヤリさんに問いかける。

「実際、それ（家族の絆の変化）を感じる場面があったんですか？」

「自分のいないところで（家族が）すごい楽しそうな話をしているのはよくあって。自分が（そこに）行ったら『なんで来たの？』みたいな対応をされることもたまにありました。もう慣れちゃって『またか』って思うくらいです」

僕は、アヤリさんの今の気持ちを率直に聞いてみたかった。

「ご家族、ご両親に愛されてると思います？」

「愛されてないと思います」

不仲の姉。毒親気質の両親。水面に浮かび上がってきたこれらの事象は、波が立っているが故に目立つ。しかし、その奥底には、アヤリさんの本当の気持ちが沈んだままになっているように思えた。

家族に愛されていない。これこそが、アヤリさんがホームレスになることを決めた理由だった。

「家族に愛されていない」というやるせない気持ちを、アヤリさんはずっと溜め込んだままでいたのだろうか。その不満を両親や姉にぶつけたことはあるのだろうか。僕が尋ねると、アヤリさんはこんなふうに答えた。

「あるんですけど……よく分からない理由を付けて、怒られて終わっちゃった感じですね。『バカが何言ってるの？』みたいなことをめっちゃ言ってきて、それで終わっちゃったんですよね。

今まで、自分が思ってることを何か言っても『だから何?』って言われることが多かったから、1回言ってダメだったらもう無理かなって思ってました」

彼女がそう言い終わる少し前、アヤリさんの目元に溜まっていた涙が頬に流れ落ちる。アヤリさんは言いたいことを口から吐き出したあと、パーカーの袖で涙を拭った。

彼女の話を聞いていると、アヤリさんと家族の間には、理解し合えない〝溝〟のようなものが深く刻まれているように思えた。彼女は、家族が自分に対して「バカが何言ってるの?」「だから何?」という態度で接してくる、と主張していた。それほどまでに、家族がアヤリさんと向き合おうとしないのはなぜなのだろう。僕はその原因が気になった。

「何が原因だと思いますか?」

「自分が何やってもうまくいかないことが多かったから、それが原因なんじゃないかなって思います」

詳しく聴くと、就職にまつわる出来事が関係しているようだった。アヤリさんは両親とのわだかまりについて、こう打ち明ける。

「最初に就職した清掃の会社も、体調を崩して辞めちゃったんですけど、そのあとで親からいろいろすごい責められて『なんで辞めたんだ?』って言われて。仕事もなかなか探せないのに、ひどいことばっかり言われてたんですよね」


さらに、退職後の無職だった期間も「なんで再就職できないのか」と責められ続けた、と彼女は感じていた。母親に電話すると「ニートじゃん」「人間やめたら?」のような言い方で非難されたが、その中で最も傷ついたのは「誰のおかげで生活できてるのか分かってるの?」という言葉だった。その時期、実家から1ヶ月に7〜8万円の仕送りをもらっていたが、アヤリさんはその時の心境を「自分が働いてないからそう言われても仕方がないとは思うけど、『その言い方、どうなの?』って不満に思ってました」と語った。「毒親と呼ばれる親がそんな大金を仕送りしてくれるだろうか?」と、僕は違和感を覚えたが、ひとまず彼女の話を聴くことにした。

両親や姉との間にあるわだかまりを解消すれば、ホームレスにならずに暮らしていく道も見えてくるのではないか。

「もう島に戻るつもりはないです」

それが、アヤリさんが出した結論だった。彼女はさらにこう付け加える。

「戻っても仕事はあんまりないから、そこでまたいろいろ言われると思うと、東京で仕事を探したほうが良いって思っちゃってるんですよね」

実家に帰って再就職がうまくいかなければ、また家族とギクシャクした時間を過ごさなくてはならなくなる。家族間のわだかまりを解消できるのなら、ホームレス生活ではない道も見えてくるのだが……。僕は素直な気持ちをアヤリさんに話す。

「本当はそこ（家族関係の修復）が解決できて、戻れるのが一番良いなと思っちゃうんですけどね。でもたぶん、ここに至るまでにアヤリさんも家族との溝を埋めようと何度も挑戦したんですよね、きっと」

僕の言葉を聞いて、アヤリさんは「もう何をやっても無理かなって思ってます」と静かに応じた。その彼女の目元に、もう涙は浮かんでいなかった。

22歳の女性が公園で野宿を決意

アヤリさんから詳しい話を聴き終わる頃、徐々に日が暮れ始めていた。

東京に着いたばかりの彼女は、これから住むところも働くところも見つかっていないという。僕は、チャンネルでアヤリさんの動画を公開したあとなら「うちで働いてみないか」という視聴者からの反応もあるかもしれないと思い、その可能性を彼女にも告げた。住む部屋と仕事を同時に確保できる〝寮付きのアルバイト〟を探したいと話すアヤリさんに、僕はチャンネルを通じてそういう話が舞い込んだら、連絡することを約束した。

そもそも、彼女は「動画出演が何かのきっかけになれば」という気持ちで僕に連絡をしてきたらしい。実際に、僕のチャンネルに出演したことがきっかけでホームレス生活から卒業した20代男性の動画を、アヤリさんはすでに見ていたようだ。

いつも思っていることだが、彼らが一歩前に踏み出すことができたのは、僕のおかげなどではない。本人の気持ちと行動力、そしてちょっとした巡り合わせがあったからだ。僕はホームレスの人たちを助けるために「アットホームチャンネル」を運営しているわけではない。何か役に立てる場面があったとしても、僕にできるのはそれこそきっかけ作り程度の小さいことだ。人と人との巡り合わせを繋ぐ一部分にしか僕はなれないし、その人の人生を丸ごと助けられるはずもない。


暮れ始めた東京湾の光景を眺めながら、僕はふと疑問に思って「ちなみに今日の夜はどこに泊まるんですか？」と尋ねた。

するとアヤリさんは、事もなげにこう答える。


「とりあえず一晩、ここら辺で過ごそうかなって思ってます」

「この公園で⁉」

「はい」

「えと……ネットカフェとかじゃなくて、路上生活しようとしてるんですか？」

「今のところはそう思ってます」


実家にいる間に貯金はしていたというアヤリさんだったが、手元のお金は少ないらしく「今日ホテルに泊まったとしても、そのあと長くホテルに泊まれるほどのお金はない。であれば、少しでも節約したい」というのが彼女の考えだった。

さらに「他のホームレスしてる人の持ち物とか、何か知ってることがあったら聞きたいなと思って」と、アヤリさんは屈託のない表情で僕の目をのぞき込んでくる。

「みんな防寒とかもちゃんとしてるし……」と僕は答えつつ、彼女のパーカー1枚という姿に目を向ける。「すごい薄着じゃないですか?」と問いかけたところ、アヤリさんは「冬用の上に着るやつを持ってこようと思ってたんですけど、忘れちゃって……」と答えた。

アヤリさんは「もう島に戻るつもりはないです」と言い切るほど強い覚悟で東京にやって来たわりには、ホームレスとして生きていくための備えや認識が甘いのではないか。ホームレスをなめていないか。僕はそう感じざるを得なかった。


ともあれ、アヤリさんは22歳の女性である。海に面した竹芝埠頭の公園で野宿するのはさすがにリスクが高すぎる。

僕は、これまで取材したホームレスの人々を思い返し、彼女に対して「危険だし、過酷ですよ」とホームレス生活の厳しさを説いた。それでも、野宿をすると言い張るアヤリさんに、僕は「代々木公園に行ってみますか?」と持ちかけることにした。代々木公園には、僕がよく知っている絵描きのホームレスのエノビさんがいる。彼の目の届く範囲にいれば危険も少ないだろ

う と考えたのだ。代々木公園では炊き出しも行われていて、ある程度は食事も確保できる。

先ほども触れたように、ホームレスの人たちが一歩を踏み出すのは、本人の気持ちと行動力次第だと僕は思う。だから、僕は取材の時にいつも「本人がどうしたいか」を確認するようにしている。アヤリさんに代々木公園へ行くことを勧める時も、僕は「どうしますか？」と彼女に尋ねた。彼女の答えは「行ってみます」というものだった。

すぐに代々木公園に移動し、僕はアヤリさんとエノビさんを引き合わせた。エノビさんは、彼女が初めてのホームレス生活であること、路上生活を覚悟して東京に来たことを聞いて「すごい度胸だね」と驚いた。エノビさんの声色は、何も知らなそうなアヤリさんを馬鹿にするような響きはなく、一人旅に出ようとする孫を見守るような温かさが込められていた。実際のところ、60代のエノビさんと20代のアヤリさんには、おじいちゃんと孫娘ほどの年齢差がある。

エノビさんも、彼女の軽装が気になった様子で、「寝袋なんかもないよね。ちょっと待ってて」と、公園の奥へと歩いていく。数分ほどして再び姿を現わした彼の手には、まだビニール袋で包装されたままの新品の寝袋があった。

エノビさんによると「毎年、1つくらいもらえる」という寝袋を非常時に備えてストックしておくという。非常時とは、荷物を盗まれるなどのアクシデントのことだ。エノビさんは自分用に残しておいた寝袋を、惜しげもなくアヤリさんに手渡してくれた。

さらに、「一応ゴム紐も。これで縛って」と言いながら、自分の荷物の中から自転車の荷台に使うようなゴム紐を取り出した。彼女はそれを受け取ると、慣れない手つきで真新しい寝袋をキャリーケースにくくりつけた。

エノビさんは、貴重な物資を彼女に授けてくれた。その姿は、おじいちゃんが孫に竹とんぼの作り方を教えているような、そんな穏やかな光景だった。


僕はアヤリさんにエノビさんの印象を聞いてみた。アヤリさんは「すごい、良い人だなって思います」と言って笑った。寝袋を渡される前のやり取りだから、ものをくれたから良い人、と答えたわけではなく、エノビさんの人柄の良さがアヤリさんに伝わったのだと思う。

僕は再度、彼女に今後のことを尋ねた。彼女は「ここでちょっと生活してみます」と答え、エノビさんに向かって「よろしくお願いします」と頭を下げた。

この日のインタビューの最後に、ホームレス生活を始めようとする直前の気持ちを、あらためてアヤリさんに確認した。

「やっぱりちょっと不安は出てきた感じですね。外で生活していくって初めてだし、全然分からないことが多いから、その面でちょっと不安だなって思います」

僕はもう一度「ネットカフェとかに泊まるっていう選択肢もあると思うんですけど」と彼女の意思を確かめる。すると、アヤリさんはこんなふうに返答した。

「そういうところに泊まって無駄にお金を使っちゃうよりは、バイトの面接とかに行く交通費に使いたいなって思ってます」

アヤリさんの強い覚悟と固い決意、そんなものを感じつつも僕は率直な気持ちを口にした。

「ちょっと心配ですけどね。頑張ってください」

アヤリさんはにっこりと微笑んだように見えた。

家族との関係に悩んで家を飛び出し、アヤリさんはホームレス生活を覚悟して東京にやって来た。僕には、この選択が正しいのかどうか分からないし、「やめろ」とも「こうしろ」とも言う権利もない。すべては彼女の決断であり、アヤリさんの気持ちと行動、そして人生は、言うまでもなくアヤリさん自身のものだ。

目の前にいる彼女は微笑んでいる。これからホームレス生活を始めようとするアヤリさんの笑顔と、先ほどまでいた埠頭の公園で涙を流していた彼女の悲痛な顔。その2つの表情を頭の中で思い返しながら、家族から離れて過ごすこの時間は、今のアヤリさんにとって必要な時間なのかもしれない、と僕は思った。

こうして、彼女への初日の取材は終了した。

2週間で実家にカムバック

1回目の取材からおよそ1ヶ月が経過した2022年12月。その後の様子を聞くため、僕は再びアヤリさんと会う約束をした。待ち合わせ場所の新宿駅東口で会った彼女は、パーカーではなく厚めのコートを羽織り、中にはセーターを着込んでいた。

先日のインタビュー後、アヤリさんは10日間ほど代々木公園に滞在していた。食事は炊き出しでまかない、一人ではなく、代々木公園でホームレスをしている女性のテントに寝泊まりさせてもらったという。のちに聞いた話も含めると、彼女はこんな生活を送っていた。朝は7時に起きて、夜は遅くとも24時になる前には寝ていたらしい。日中はテントの中で、スマホで仕事を探したりボーッとしたり、という過ごし方が多く、観光のような気分で渋谷や原宿を徒歩で巡った日もあった。

僕が「10日間ホームレスをやってみてどうでしたか？」と質問すると、アヤリさんは「泊めてもらっている感じだったから、ホームレスをしている感じがあんまりなかった」と話した。季節は冬だったが、夜の寒さに凍えることもなく「むしろちょっと暑いくらいに思ってました」とアヤリさんはおどけてみせる。そして「住みやすい感じはあったけど、やっぱり人のところに泊めてもらってる感じがあって。悪いなって思ったし、早く自分で仕事を見つけて出たいなって思った」とも語った。彼女が感じたのは「路上生活の大変さ」よりも「居候している気まずさ」の方が大きかったようだ。

さらに、アヤリさんは「誰かに頼るより、自分一人でやった方が……。自分で全部やろうと思って出てきたけど、やっぱり誰かに助けてもらってるから、自分の力で何もできてないなってめっちゃ思ったんですよ」とも付け加えた。

代々木公園を出たあと、アヤリさんはどこで過ごしていたのだろうか。

「群馬のおばあちゃん家に1回行ってました。体勢を立て直そうかなと。あと、そこで就活したら代々木公園にいるよりも仕事は見つけやすいと思って」

「ちなみに、おばあちゃんから親御さんに『うちに来たよ』みたいな連絡は？」

「たぶんしてましたね。住民票も移そうと思っているから（おばあちゃん家に）2、3日いて実家に帰ることにしたんです」

島から東京にやって来た日に僕の取材を受けたあと、10日間ほど代々木公園で過ごし、群馬にある祖母の家に数日間滞在。そして上京して2週間経った頃に一度実家に戻ったという。

2週間ぶりに家に帰ってきた娘に対して、両親は何も咎めるようなことを言わなかった。その態度は、アヤリさんへの無関心から来るものなのか、それとも家出した娘の心情を慮る親心なのか、彼女自身がどう受け止めているのかを聞いてみた。彼女は「どっちもあったと思います」と答えつつ、姉もアヤリさんと同じように家出した経験があること、その時の両親も今回のアヤリさんへの態度と同じようにうるさく言わなかったこと、などを説明してくれた。

最初、アヤリさんは両親が姉の味方ばかりすることを不満に思っている、と僕に打ち明けていた。だが、２週間帰ってこなかったアヤリさんに対する両親の態度は、姉が家出した時と大きな差はなかったようだ。彼女自身、そういう両親について「たぶん自分にも同じような対応だったんだと思います」と話した。

この時に初めて知ったが、代々木公園にいた間に、警察からアヤリさんに電話があったらしい。それは、両親からの相談を受けた警察が、彼女の安否を確認するためにかけてきた電話だった。彼女は自分の意思で家に帰っていないことなどを説明したが、警察は「とにかく家に帰るように」と言ってきたらしい。彼女は両親に対して「前の会社にいた時の先輩の家に泊めてもらってる」というLINEを送り、それ以降は警察からの電話も止んだ。

僕はこうした話を聞いて、「両親はアヤリさんのことをちゃんと心配している」という印象を受けた。一人暮らし中は仕送りをもらっていたし、彼女は両親とすれ違っているだけではないか。それに、この話をしている彼女はにこにこしていて、心なしか嬉しそうに見えた。

「毒親っていう表現をしてましたけど（帰った時には）そういう感じではなかった？」

「ちょっと薄れてはいました」

２週間ほど実家に帰らなかった結果、両親に対する「毒親」というイメージがアヤリさんの中で少しだけ薄らいでいるように見受けられた。それは彼女だけの変化でなく、両親にも何かしらの心境の変化があったのかもしれない。

最初の取材の時にも感じたことだが、家族間の溝が埋まるのであれば、今後も実家で生活していくのも選択肢の1つだ。しかし、アヤリさんの中では、家族との関係がどうであっても家を出て仕事を探したい、という強い意志は変わっていなかった。

就活用のスーツをプレゼント

僕が2回目の取材をしたのは、彼女の現状を確認するためだけではなかった。

1回目の動画を公開したあと、チャンネルには「うちで働いてみませんか」という問い合わせがたくさん届いていた。その中には、彼女に最適な寮付きのアルバイトもあったし、仕事だけ、あるいは住居だけを提供します、という申し出もあり、届いた問い合わせの数はその時点で50件以上。大変ありがたいことである。

彼女には前もってこのことを知らせており、その中でアヤリさんが特に興味を持った仕事についての相談や準備のため、彼女は再び東京にやって来た。アヤリさんが興味を持ったのは、旅館の仕事だった。長野の山間にある温泉旅館で、住み込みで働くことができるという。家を出て仕事を探したい、というアヤリさんの気持ちは重々承知しているが、僕はカメラの前でもう一度彼女の気持ちを確認する。「意志は変わってないですか？」と尋ねると、アヤリさんははっきりと「はい」と答えた。

本人の気持ちが固まっているなら、採用面接のために現地の旅館を訪ねるだけである。こちらで先方と日程を調整しつつ、面接までの間はアヤリさんに東京に滞在してもらい、面接日が決まったら僕も同行する、という段取りを決めた。

そして面接に備えて、僕はアヤリさんに就活用のスーツをプレゼントすることにした。僕が買える程度のスーツだから大したものではないが、応援する気持ちを込めた僕なりの餞別だ。スーツを扱っている店へ向かう道すがら、アヤリさんはこんなことを口にした。

「こんなに早く（自分への問い合わせが）来ると思わなかったです。自分で探したかったっていうのは少しだけありますけど」

自分だけの力で家を出て生活したい。

自分だけの力で仕事を見つけたい。

僕が見る限り、アヤリさんはそんな「自立」に対する願望を心の中に強く持っていた。ホームレス生活を覚悟して、上京してきた時も「自分一人で」という部分にこだわりを見せていたように思う。

しかし、自分だけの力で社会を生き抜くには、ある程度のたくましさやエネルギーが必要だ。今のアヤリさんは一人きりでサバイバルしていくには脆弱すぎるかもしれない。僕の目にはそんなふうに映った。

まだ22歳である。脆弱なのは当たり前だし、これからたくましさを身につけていけばいい。なんなら今の僕だって弱い部分を持っている。年齢すら関係なく、人は誰しも弱さを持っているのが常だ。だからこそ、人に頼ることは悪いことではないのだ。

僕は取材の最中に、アヤリさんにこんなふうに話したことがある。

「自分の力でどうにかしたいって仰ってたじゃないですか。ホームレスしてる時も『自分の力でどうにかしないと自分がダメになりそう』と仰ってたけど、僕は誰かの力を借りることは別に悪いことだとは思ってなくて、借りたことを糧に頑張るというか。僕なんかめちゃくちゃ今まで人に助けられて生きてるし」

アヤリさんは僕の目を見つめたまま、話を聴いてくれた。

そう。人の助けを借りながら、頑張ればいいのだ。

就活用のスーツと、寝る時に着るルームウェアもついでに買ったあと、アヤリさんは買い物袋の中身を見ながら「自分で買おうと思ってたやつなんで……」と恐縮しながらつぶやいた。

採用面接

スーツを買ってから1週間後、採用面接に向かうため僕とアヤリさんは新宿駅で待ち合わせをした。クリスマス直前の新宿駅は多くの買い物客で賑わっている。

アヤリさんは、おろしたての白いシャツとネイビーのリクルートスーツに身を包んでいた。足元はスニーカー、背中にはいつものリュックという、スーツとは不釣り合いな部分もあったが、採用面接の機会をくれた旅館もアヤリさんの事情は知っている。スーツを着ていくだけでも、アヤリさんの真剣さはちゃんと伝わるだろう。

出発する前、面接の最初の挨拶だけでも練習しておこうか、という話になった。アヤリさんも「やっておいた方が良いかなって思います」と言うので、僕はカメラを向けて彼女を促す。

「じゃあ、僕を面接官だと思って。初めてお会いしました、どうぞ」

「……」

アヤリさんは一言も声を出さない。

「どうぞ」

「……」

もう一度呼びかけたが、アヤリさんは無言で固まったままだ。彼女の緊張感が見ているだけで僕にも伝わってきた。緊張を解きほぐそうと「どうしました？」と僕が笑って見せると、アヤリさんも「急に練習しようってなるとできない……」と言って恥ずかしそうに笑った。

そのあとすぐに、僕たちは新宿駅の改札口で面接をしてくれる旅館の担当者と落ち合い、用意した貸し会議室で採用面接を行うことにした。担当の方はアヤリさんのためにわざわざ時間を作って上京してくれたのだ。

彼女は「アヤリです。よろしくお願いします」と挨拶したものの、その一言一言がなかなか出てこない様子で「アヤリです」と「よろしくお願いします」の間にはたっぷりと空白の時間があった。

面接が始まったあとも、やはりぎこちなさが目立った。質問に対する受け答えがたどたどしくて会話が弾まない。アヤリさん自身の話よりも、担当の方が旅館の説明をしている時間の方が長かったかもしれない。「アヤリさん、夢とかあるんですか?」と聞かれた時も「今のところ何もないです」と答えるだけで、会話が広がっていかなかった。

面接終盤、宿泊客の送り迎えなど仕事内容の具体的な説明があった。「接客の仕事は?」という質問に対して、アヤリさんは「接客はやったことがないから、ちょっと自信がないなって思っちゃってます」と答える。正直といえば正直だし、仕事を探している側の言い分としては物足りなさもある。そこに対する感じ方は人それぞれだろう。担当の方は「みんな最初は素人だから」と言って、自信がないというアヤリさんを受け入れてくれた。

この話がまとまるかはともかく、そろそろ気持ちを確認する時間だろう。そう思った僕は面接に口を挟んだ。

「アヤリちゃん的には接客という仕事に挑戦したいなっていう気持ちはあるんですか？」と尋ねると、彼女はここでも「あります。挑戦はしてみたいけど、やっぱりちょっと不安があります」と正直な気持ちを口にした。

僕はさらに「挑戦したい思いがあればいいんじゃないですか？」と言いながら、担当の方の反応もうかがってみる。雇う側からしたら迷惑かもしれないけど、と前置きしつつ「挑戦してみてどうしてもダメだったら辞めることもできる」と言うと、担当の方も僕の言葉に同意するようにうなずいてくれた。

「1回挑戦はしてみたいです」

アヤリさんはきっぱりとこう言った。

担当の方も「この旅館に来ていただくっていうのは、僕はステップとして使ってほしいんですよ」と言ってくれた。続けて「お金を貯めて、もし他にやりたいことがあればそっちへ行ってもらってもいい。ただ、とりあえず今は働いて、お金を貯めることが大事じゃないですか？そのためのステップに使ってもらっていいです」「若いのにね、ずっと山の中にいてくださいとか言わないから」と、アヤリさんに言葉をかける。

「アヤリさんがうちで働いてもいいよって言うんだったら、ぜひ来てください」

彼女は一瞬だけ僕と目を合わせ、目の前のテーブルに視線を落として少しだけ考えたあと、「働きます」と返事をした。

彼女は、長野にある旅館で接客の仕事をすることが決まった。住み込みだから、住居の心配もない。面接後、担当の方からは「ちょっと緊張してたみたいですけど、うちに来ていただいて仲良くなってもらったら（緊張も）解けると思う」という感想を聞かせてもらった。

面接を終えたアヤリさんにも話を聴いた。

「接客に不安があるみたいでしたが、大丈夫ですか？」
「大丈夫なように頑張りたいです」
「挑戦してみたいとは思ったんですか？」
「やらないで考えるよりも、1回やってみたほうが、挑戦したほうが良いかなと思って、やろうと思いました」

アヤリさんは笑顔で僕の質問に答えた。僕はもう一度、彼女の不安が少しでも和らげばという気持ちで、念を押した。

「極論もしダメだったら、辞めるって選択肢はあると思うんですよ」

これまでのアヤリさんは、最初に就職した会社を半年で辞めたこと、それを両親に責められたこと、新しい仕事がなかなか見つからなかったこと、などの経験をしてきた。そして、そういった経験はアヤリさんの中で「うまくいかなかった」と認識されていたのだと思う。

でも僕は、頑張った上でなら仕事を辞めることを恐れないでほしいと思った。うまくいかないことから逃げないでほしいと思った。旅館での接客という苦手な仕事と向き合おうとするアヤリさんに向かって、僕は取材の最後にこんなふうに声をかけた。

「僕は応援したいと思います」

アヤリさんは「慣れないだろうけど、とにかく頑張りたい」と答えた。

2022年も残り数日となった12月末、寮の準備が整ったという旅館からの連絡を受けて、アヤリさんは新しい土地へと旅立っていった。

採用された旅館を一日で辞めてしまった

アヤリさんを送り出したあともLINEで連絡を取っていたが、彼女は旅館で研修を受けている間ずっと「不安だ」と言い続けていた。特に彼女が気にしていたのは、接客の仕事そのものよりも「朝が早い」ということだった。僕は「生活習慣みたいなものは慣れの部分もあるから、慣れるまで頑張ってみたら」とアドバイスを送っていた。

しかし、年が明けた2023年1月、研修期間を終えたアヤリさんは旅館の仕事を一日で辞めてしまった。
その知らせを聞いて、僕の心の中に虚無感のようなものが広がっていく。「なぜなんだ⁉」といった激しい憤りではなく「そっか……」という感じのうっすらとした濁りのような感覚。僕は静かに、アヤリさんが辞めてしまったことを受け入れた。

僕は「慣れるまで頑張ってみたら」とアドバイスしたし、彼女も出発前は「慣れないだろうけど、とにかく頑張りたい」と言っていた。なのに、なぜたった一日で辞めてしまったのか。頑張りたい、と言っていたのに、とても頑張ったようには見えない。これを言行不一致だと感じる人も少なくないかもしれない。

あとから思い返すと、アヤリさんの言動からちょっとした〝違和感〟を覚えることは取材中にたびたびあった。
例えば、エノビさんから新品の寝袋を譲ってもらった時。僕は何度もエノビさんに「ありがとうございます」とお礼を言った。僕が連れてきた初対面の人間に、自分の物資を分け与えてくれたのだから「ありがとうございます」以外の言葉は見つからない。しかし、アヤリさんは、寝袋を受け取った時に小さく頭を下げて小声で何かをつぶやいただけだった。そういう態度が僕は気になってしまった。僕は自分で「ありがとうございます」とエノビさんに言うたびに彼女の反応をうかがうが、彼女は黙ったままだ。僕は結局、何度目かの「ありがとうございます」を言ったあとで「アヤリちゃんからも」と促し、彼女の口から「ありがとうございます」の言葉を引き出した。

感謝の気持ちを表現する方法は人それぞれでいい。本当は感謝していないのに「ありがとうございます」と何回も口にするのはどうかと思うし、アヤリさんが心の中で「ありがとうございます」と思っているのなら、言葉にしなくてもかまわないのかもしれない。でも、本当に感謝しているのなら言葉で気持ちを伝え合う、そういう人間関係の方が僕は好ましく感じる。

アヤリさんは、感謝の言葉を口にすることが極端に少なかった。普段は違うのかもしれないが、少なくとも取材中の僕はそう感じた。

エノビさんの時だけではない。例えば、2回目の取材の時。食事をしていないというアヤリさんをランチに誘い、焼肉を食べながらインタビューをすることにした。食事を終えて僕が会計を済ませたが、店の外に出てもアヤリさんは僕に向かって「ごちそうさまでした」と言わなかった。取材のための食事だし、僕が支払うのは当然だから「食事をおごったのにお礼を言われなかった」と怒っているのではない。僕はアヤリさんの態度に得体の知れない〝違和感〟を覚え、不安な気持ちになってしまったのだ。僕はエノビさんの時と同じように「ごちそうさまでしたって一言」とアヤリさんに声をかけ、彼女が「ごちそうさまでした」と言うシーンをカメラに収めた。これを〝やらせ〟と呼ぶ人もいるのかもしれないが、「ごちそうさまでした」を言わない彼女が視聴者から叩かれるのは分かりきっていたし、このシーンを撮影したのは僕なりの配慮だった。

就活用のスーツをプレゼントした時も同じ状況だった。買い物を終えて、僕が「ありがとうございますって一言」と促さないと、彼女から感謝の言葉は出てこなかった。

もう一度書いておくが、彼女が「ありがとう」を言わないことを怒っているのではない。彼女の気持ちが分からないということに、僕は不安ともどかしさを感じているのだ。

最初に出会った日、アヤリさんは「もう島に戻るつもりはないです」と僕に言い切った。その2週間後には実家へ戻っていた。

両親のことを「毒親」と表現していた2週間後、その印象が「薄れた」と話した。

代々木公園で女性ホームレスのテントでお世話になったあと、誰かに頼るより自分だけで過ごしたかったと本音を明かした。

「慣れないだろうけど、とにかく頑張りたい」と意気込んでいた旅館の仕事を、わずか一日で辞めた。

これでは、彼女がどんなに真剣であっても、本当の気持ちは伝わらないだろう。

もちろん、決めていたのに気持ちが変わることは誰にでもある。そんなことは当たり前だし、そういう曖昧さは誰でも持っているように思う。だから、僕はアヤリさんの言行不一致を責めているのではないし、「いかがなものか」と注文をつけているわけでもない。アヤリさんの人生はアヤリさん自身のもので、彼女の気持ちや行動は彼女自身にしか決められない。

僕はただただ、アヤリさんの気持ちが伝わってこないことを、もどかしく感じている。そして、これほどまでに気持ちが通い合わないことに不安を感じている。

ホームレス生活を覚悟して上京したアヤリさんに、僕やエノビさんや代々木公園の女性ホームレスは、できる範囲で手助けをした。さまざまな人がアヤリさんに仕事を見つけてくれて、ある旅館が寮付きの待遇で雇ってくれることになった。周囲の人たちはなぜそんなことをしたのか。アヤリさんが「ホームレス生活をしたい」「働きたい」と決めたからだ。その決断を信じて、少しでも前に進めたら良い、という気持ちで彼女を応援したからだ。

彼女にとってその手助けや応援は不要なものだったのかもしれない、と自虐的な気持ちにもなってしまう。「自分だけの力でやってみたかった」と、アヤリさんは後悔するように何度も口にしていた。

しかし「自分だけの力で」と自立を決意したZ世代の若者が壁にぶつかり、ホームレスになろうとしている時、頼れるのは周囲の大人であり、身近にいる家族なのだろう、と僕は思う。その大人の中には、地域の福祉サービスやボランティアなどの支援団体も含まれている。

とにかく、彼女の今の気持ちを確かめるためには、もう一度話を聴くしかない。およそ1ヶ月半ぶりに、僕はアヤリさんに電話をかけた。

久しぶりに耳にする彼女の声は、以前よりもハキハキした印象を受けた。ビデオ通話の画面には、獣道のように生い茂った木々が映り込んでおり、アヤリさんは家の目の前でこの通話をしていると教えてくれた。

「なんだか代々木公園を思い出すような景色だね」

「代々木公園に行った時『東京にもこんな場所あるんだな』って思いました」

ちょっとした世間話のあと、僕は気になっていたことをあらためて尋ねた。

「旅館の仕事、一日で辞めちゃった理由はなんだったんですか？」

研修期間中、朝が早くて大変だということを僕に何度もLINEで送ってきていたが、この時の答えも同じだった。

「朝早くから働くのが無理だな、これは長く続けられないな、って思っちゃったんですよね」

アヤリさんによると、元々朝が苦手というよりは生活リズムの乱れが問題のようだった。高校卒業後に働いていた時期は朝6時台に起きることも苦ではなかったが、旅館での仕事をしていた時はボーッとしてしまって夜にならないと元気が出てこなかったという。ちなみに、アヤリさんは働くこと自体が嫌いなわけではないし、代々木公園でのテント生活の最中には「ホームレスを長く続けるのは良くない。このままだと『働きたい』っていう気持ちがなくなってしまう」と感じていたそうだ。

旅館へ向かう前に不安を口にしていた接客の仕事については、「苦手だけどできそう」という手応えもあった。実際、僕のところに旅館の担当者から「研修を見る限り、飲み込みも悪くないし気も利くし、大丈夫そうですよ」という声も届いていた。

朝が早いということ以外に、仲居として大きな声を出したり大人数の同僚と関わったり、という部分にもアヤリさんは苦手意識を持っていた。

「前に働いていた研磨の仕事は2年半続いたけど、それは声を出さずに済むし少人数だったからかもしれない。人がたくさんいるところが苦手です」

確かに、彼女が言葉に詰まっている場面には僕も何度も遭遇している。「ありがとうございます」や「ごちそうさまでした」がなかなか出ないのも、そういう苦手意識が大きく影響しているのだろう。

旅館を一日で辞めてしまう前に、誰かに相談するという手もあったのではないか。そう質問すると彼女は「職場には信頼できる人がいなかったから誰にも相談してない」と答えた。

なぜホームレスになろうとしたのか

もう1つ、僕が聞きたかったのは家族との関係についてだった。東京に出てきて代々木公園で過ごしたあと、彼女は実家に戻っている。その時に聞いたのは「毒親だと思っていたけど、その感覚は薄まってきた」という変化だった。あれから1ヶ月半、再び実家に戻ってしまっているが、さらに家族関係に変化はあったのだろうか。

「母親が『私、毒親じゃないよね？』って聞いてくるようになったんです」

おそらく動画を見たのだろう、とアヤリさんは推測し、そんな母親の変化を「体面や世間体を気にしている」と言った。それでも彼女自身、現在の家族関係に明るい兆しを見出している。

「たぶん、東京に出た時期がピークだったんだと思います。あの頃が家族関係は一番悪かった。島に戻ってからは、ケンカが少なくなりました。姉ともお互いに機嫌が悪かったとしても、すぐにケンカを始めるんじゃなくて距離をとったり時間をおいたりできるようになった」

そして、アヤリさんはホームレスになろうとした真意をこんなふうに話した。

「私にきつくあたらないでほしい、優しくなってほしい、そういう変化を家族に求めてたんだと思います。行動を起こさないと分かってくれないと思ったから」

言葉で表現するのが苦手な彼女は、〝ホームレスになる〟ことで自分の気持ちを家族に伝えようとしたのだ。ホームレスとは本来、「なりたい」といってなるものではなく、ホームレスにならざるを得ないという状況によってなるものだ。それなのに、アヤリさんはあえて「なりたい」という言葉を使って自分の気持ちを表現しようとしていたのだ。子どもっぽい反抗心に見えるかもしれないし、切実な心の叫びと捉えることもできるだろう。さまざまな人を巻き込んでしまったが、彼女の強硬手段は功を奏したのかもしれない。

今後のことも聞いてみた。家族関係が改善されつつあっても、東京へ出て一人暮らしをする、という意志は変わっていないようだ。

「一人暮らしできるようになりたいんですよね。結婚も子どもも考えてなくて、彼氏もいらない。前に働いていた研磨の仕事みたいに、少人数で人とあまり関わらずに済む、大きな声を出さなくていい、そういう職場で働きたい。あとは……もう少しだけ、外向的な性格になりたい。人と話せるようになりたい」

外向的な性格になりたい、というのが僕には意外だった。僕はこれまでの取材を通して、内向的な性格をアヤリさん自身分かっていて、それでもある種あきらめているような雰囲気を彼女から感じ取っていたからだ。

外向的でも内向的でも、そこに優劣はない。ただ、外向的な自分に変わりたいと願うなら、人と関わるような仕事や大人数の職場で働いて慣れていくのも1つの手だ。僕がそう言うと、彼女は「人が多いところにいると具合が悪くなっちゃうから無理だと思う」と答えた。

アヤリさんは「ホームレスになる」という覚悟で家を出て、家族関係に変化をもたらした。それと同じように、自分自身を変えるためになんらかのチャレンジをするべき時が、アヤリさんにも訪れるのかもしれない。

ビデオ通話の向こうのアヤリさんは、以前よりもハキハキと受け答えをしていた。言葉に詰まることも少ないし、今の自分の気持ちを伝えようと頑張って話している。家族間のわだかまりが多少は解消されたおかげもあるのだろう。もう一度東京に来るために、今は清掃のアルバイトで貯金しているという。

僕なんかが気づかないうちに、アヤリさんは少しずつ変化しているのだ。

「毒親」とはいったい何か

初めて「毒親」という言葉を聞いた時、めちゃくちゃ暴力を振るうとか、酒浸りで仕事もしないとか、そういう親なのかな……と僕は想像していた。

アヤリさんも自分の親のことを「毒親」と呼んでいたが、彼女の場合は親から暴力を受けていたわけではない。取材を進めていくと、アヤリさんが感じているのは、精神的な束縛だったり親の意思が介入したり、ということへの息苦しさなんだろうと思うようになった。

同列にして語っていいのか少し疑問だが、僕も子どもの頃に言い分を聞いてもらえなくて、周りの大人たちに不満を持ったことがある。大人に対してちょっとでも文句を言おうものなら暴力で抑え込まれる。ここだけの話、弟と二人で家の壁に磔《はりつけ》にされて、父親からBB弾を身体に撃ち込まれる……なんて物騒なこともあった。

今だったら虐待だと思われるようなことだが、僕自身は親とすごく仲が良いし、嫌いになったこともない。子どもの頃は、両親の言い分が納得できずムカついたことなんて山ほどあったし、やりたかったことをさせてもらえず「自由を奪われた」と感じたことだってある。

時代も違うし、僕とアヤリさんの家庭を比べても大した意味はないのかもしれない。それでも僕は、家族の間で起きるイザコザは昔も今もそんなに変化していないのではないか、と思ってしまう。

思春期に親と衝突するのは、ほとんどの人が経験することだろう。逆に、親と衝突せずに大人になった人を探す方が難しいはずだ。だとすれば、子どもの目線で見れば「親はみんな毒親の要素を持っている」とすら言える。実際のところ毒親という言葉が生まれてから、ほんの少し意見が食い違うだけで毒親と認定されることも多いような気がする。思春期の子どもが親に対して文句を言いたい時に毒親という言葉を使っているような印象を僕は抱いている。

もちろん、周りの大人から見ても問題があるような、正真正銘の毒親も現実にはいるだろう。そうやって抑圧されている子どもたちの苦しさを見逃すつもりもない。

家の中で起きたことを、他人が正しく知ることは難しい。人によって受け取り方もさまざまだろう。だからこそ、毒親という便利な言葉に振り回されるのではなく、その先にある親子の姿をよく知っておきたい。そういう気持ちで僕はカメラを回している。

精神的自立と経済的自立

「自立」と一口に言っても、大きく分けて精神的自立と経済的自立という2つの側面を持っている。その中でも、僕は後者を重要視していて、お金の面で独り立ちすることが自立だと思っている。というのも、僕自身が経済的自立が遅く後悔した経験が山のようにあるからだ。

自立するまでの僕は、アルバイトをしながらお笑い芸人の道を歩んでいた。夢を追いかける、と言えば聞こえは良いが、実際の暮らしぶりはそんなに立派なものではない。弟に金銭的に甘え続け、一緒に暮らしている時には弟の財布から2000円を拝借するのが日常だった。

僕が36歳の時、がんで親父が死んだ。そして、親父の死が僕にとって自立のきっかけとなった。がんの宣告を受けてから、この世から大切な人がいなくなるということが耐えられず、僕はただただ泣いた。しかし、その一方で僕は「自分よりも先に親がいなくなることは分かっていたはずなのに、なぜこんなに悲しいんだろう」と考えていた。振り返ってみるとその理由は自分が自立できていなかったからだと思う。何か嫌なことがあっても、実家に帰ればなんとかなると思っていたし、自分にとって両親のもとは居心地の良い場所だった。病と闘う親父と、看病しながら支える母親を見ていたら、そんな自立できていない自分を情けなく感じたのだ。

当時は妻と福岡に住んでいたが、「子どもは成り行きにまかせていればいつかできるだろう」と楽観的に考えていたことを僕は後悔した。父親に孫の顔を見せてやりたかった。

この出来事が、僕を自立へと向かわせた。子どもを作り、ずるずると続けていた芸人を辞めることにした。家族を養っていくためには経済的自立が必要だったから。それに伴って、精神的にも自立できるようになった。子どもとの時間の中で、自立を求められる瞬間はとても多い。

アヤリさんの話を聞いていると、彼女は僕なんかよりも精神的自立はきっと早いのだろうと感じる。「実家を出て一人で生きていきたい」という強い意志を持つ彼女は、すでに精神的自立を成し遂げているともいえる。

彼女にとっては、どうやって経済的自立を成功させるかが鍵になるのではないか。早起きができなくて旅館の仕事を辞めてしまったが、逆の見方をするなら早起きさえできれば長く仕事を続けられただろう。そういう意味では、アヤリさんの経済的自立は難しいことではない。

彼女を見ていると、人より自立が遅かった僕はどうしても、「惜しい」と感じてしまう。だからこそ、両者のバランスが良くなるように陰で支えるのも、僕たち大人の役割だと思うのだ。

おわりに

この本を書くにあたって、Twitterで10〜20代半ばまで、つまり〝Z世代のネオホームレス〟で取材可能な人たちを募ったところ、3人の方が連絡をくれた。話を本書に載せることはスケジュールや紙面の都合で叶わなかったが、連絡をいただいた方々にはもれなくお会いし、取材をさせていただいた。

この3人から話を聞くことができたのは、本当にありがたいことだった。〝Z世代のネオホームレス〟の実像が、僕の中でより明確になっていったからだ。本書で取材した方々はもちろん、応募してくれた方々に、あらためて感謝の気持ちを伝えたい。

一般的なホームレスの方（「一般的」という表現が正しいか否かはいったん置いておいて）の話を、僕はこれまでの活動を通じてたくさん伺ってきた。この本でも再三言ってきた通り、彼らがホームレスをしている理由のほとんどは金銭的な事情だった。しかし、今回連絡をくれた3人がホームレスになった理由は、それぞれまったく異なっていた。

3人は全員20代後半の女性で、その見た目からは彼女たちがホームレスだと気づく人はいないであろう、という点が共通していた。それくらい彼女らは、街を歩く他の女性となんら変わりなかった。多くの女性が欲しがるようなかわいらしいバッグを持っていて、僕が「生活していてホームレスだと気づかれますか？」と尋ねると、全員が「ノー」と答えた。

ホームレスかどうかは、見た目では判断できない。それは言い換えるなら「ホームレスをしている理由は内面にある」ということだ。

これが〝Z世代のネオホームレス〟の特徴の1つと考える。

内面に事情を抱えているのは共通しているのだが、同じ理由でホームレスをしている人は一人もいない。さらに不思議なことに、〝Z世代のネオホームレス〟という括りを〝トー横キッズ〟に置き換えると、さらに事情は変わる。トー横キッズには同じような境遇の子たちがたくさんいる。彼らは「死にたい」と口にして、トー横界隈の仲間同士でその悩みと傷を共有する。

誰とも共有できない悩みを抱えるZ世代のネオホームレスと、悩みを共有し合える仲間がいるトー横キッズ。仲間がいるから万事解決という簡単な話ではないが、それでも仲間を見つけやすいトー横界隈の方がまだ救いがあるのかも、と感じてしまう。

本人たちと話している時、僕は「自分に何かできることはないか?」と思うこともある。だが、それは自分の価値観で彼らの孤独を想像しているだけに過ぎないし、薄っぺらな正義感でしかない。こういう思い上がりに気づくたび、自分の無力さと軽薄さを思い知らされてしまう。

本書の「はじめに」で、僕は年配のホームレスに怒鳴られた経験を書いた。チョコレートを渡そうとした僕に対して、彼はなぜ怒ったのか。おそらく、薄っぺらな正義感を見透かされていたのだろう、と今なら思い至る。僕にできることなど、何もなかったのだ。

「実感として、できることは何もない」

僕が彼らを取材し、最も強く感じたのはこれだ。

僕の動画へのコメントや昨今のSNSを見ていて思うのは、表面的な部分だけで人を判断する人があまりにも多い、ということだ。親のせい、学校のせい、社会のせい、と皆が口々に自分の言い分を叫んでいる。Z世代の子どもたちと対面して話を聴いた僕が言えるのは、彼らの抱える事情は複雑で、その問題や責任をはっきりさせることは不可能に近い。

より良い方向を目指して家族や支援者が日々努力しているのはもちろん分かっているし、僕もマナミさんの彼氏募集(第3章)やアヤリさんの就活(第4章)などのように、微力ながらお手伝いをすることもある。それでもやっぱり、それらが彼女たちの問題解決というゴールに繋がったとはまだまだ言えず、無力感に苛《さいな》まれる。ただ僕が言いたいのは、できることなどないから努力しても無駄、ということではなく、何が正解だと言い切れるほど簡単な話ではない、ということだ。

入り組んださまざまな事情があり、親には親の、子には子の、それぞれの事情を皆が抱えている。その正否を判断することは誰にもできないのだ。大きな社会問題のようなものが原因になっているケースもあるだろうし、個人間の些細なボタンのかけ違いが原因の場合もあるだろう。それでも僕は、今後も彼らの話を聴いて、自分なりにできることはしていくつもりだ。そこでまた、無力感に苛まれたとしても。

ただ、彼らと接する中で、Z世代のネオホームレスの人たちに大きな影を落とした要因では、と思える部分もある。それは〝圧倒的なコミュニケーション不足〟だ。

ト－横で出会った、ある19歳の女の子からこんな話を聞いた。コロナ禍の最中に高校から大学へ進学した彼女は、入学して数ヶ月経っても同じ大学の学生に一度も会ったことがなかった。高校時代は緊急事態宣言や外出自粛ムードの高まりによって、友人との直接的な対話が激減。大学でもオンラインの講義がほとんどで、友人を作るのもままならなかったという。

僕の学生時代と比べたら「時代が違いすぎる」と言われてしまうかもしれないが、彼女が友人と交わすコミュニケーションの少なさが僕はやっぱり気にかかる。芸人の道に進んだ僕にとっては、学生時代の「ウケる」「スベる」はコミュニケーションの基本ともいえるものだ。福岡県田川市という田舎町だったこともあり、おしゃべりは仲間同士の娯楽ですらあった。

だが、19歳の彼女は、およそ3年間もリアルに人と話すことから遠ざかっていたのだ。10代や20代にとっての3年間は、大人の3年間とはわけが違う。対面のコミュニケーションを学べる大切な時期にそれを奪われてしまうのは、少なからず影響があると僕は思う。

コロナ禍も大きな影響の1つだと思うが、根本としてネットやSNSでのコミュニケーションがデフォルトになっている現状も、それに拍車をかけているだろう。対面では相手の悲しみや怒りの表情が見える。しかし、ネット上ではそれが見えない。だからネット上には誹謗中傷があふれ、相手の気持ちが分からず無意識に人を傷つけてしまう。

そう考えると、「人との距離感が分からない」「社会とどう関われば良いか分からない」と悩む若者が出てくるのは必然とすらいえる。

社会での人とのコミュニケーションに難しさを感じ、その悩みを相談できずに抱えたまま孤独に生きる。そんな姿がZ世代のネオホームレスには浮かんでくるような気がしている。

「はじめに」で書いた通り、トー横キッズのモカさんの動画を公開後、さまざまなコメントが視聴者から寄せられた。その境遇を憂いたものもあれば、彼女の行動に対しての厳しい意見もあった。

中には「トー横キッズという存在をこの動画で初めて知った」というコメントもたくさんあった。

このコメントを読んだ時に僕はハッとした。

「ホームレスのことをもっと知りたい」という気持ちで始めた「アットホームチャンネル」が、いつしか世間に少なからず「ホームレスのことを知ってもらう」役目を担うようになっていたのだ。大変僭越ではあるのだが。

そのことに気づいた時に、僕は不思議と誰かに背中を押されるような感覚を覚えた。

少し脇道にそれるが、僕はホームレスの方々を取材して広告収益を得るYouTuberである。それ故に、自分の中の〝大義名分〟が分からなくなることも多々あった。実際、「ホームレスを取材して何が面白いのか……」といった、活動を非難するコメントもこれまでたくさん届いている。僕自身も彼らが画面に出ることのリスクと責任は感じていて、賛否両論あると思うがホームレスの方に頼まれればお金を貸すこともある。そうする義務が、取材させてもらっている立場の僕にはあると思うからだ。

これまでホームレスの方に貸したお金の総額は、まもなく100万円に届こうとしている。そのうち返ってきたのは、1万円のみである。

お金を貸す場面では、僕はいいが借りた側にまで非難のコメントが届く恐れがあるため、そのほとんどは動画にしていない。

誤解のないようにお伝えしておくと、お金を貸したのに返してくれない、と責める気持ちはこれっぽっちもない。繰り返すが、〝ホームレスのリアルを取材している〟僕が果たすべき当然の務めだと思って貸しているからだ。

それでもやっぱり、僕の中にモヤモヤとした気持ちは残る。

一体、僕はなんのためにこのチャンネルをやっているのか？

その答えが自分の中に見つからないままチャンネル運営を続けてきた代償。それが貸したお金が返ってこないという形で表われているのかも、と僕はこの気持ちを静かに受け入れてきた。

しかし、その答えをくれたのが、前述したモカさんの動画へのコメントだった。僕が知りたかったことを、今度は僕がみんなに知ってもらう。〝背中を押されたような感覚〟を覚えたのは、それまでの僕が抱えていた心の中のモヤモヤをそのコメントが吹き飛ばしてくれたからだ。

「知りたい」から「知ってもらう」へ。

僕の意識もチャンネルの意義も、彼女への取材を経て大きく変化していったように感じている。

この機会に、動画に対するコメントについて僕自身の考えを説明させていただくことにする。

モカさんへの取材以降、従来のホームレスとは違うZ世代のネオホームレスの方々への取材も増えた。家がある、家族がある、お金がある、だけどホームレス。今までイメージしていたホームレス像とはかけ離れている。

そうした若者を取材し、動画を公開すると「これはホームレスではない」というコメントもしばしば見受けられるようになった。おそらく、一般的に「ホームレス」という言葉から想像されるのは、路上や公園で寝泊まりしたり、お金や食べるものに困っていたり、という人々の姿なのだと思う。そういう点で、実家に帰らずネットカフェやホテルで暮らしている若者たちは、ホームレスには見えないのかもしれない。だが、取材を続けている僕からすると、ホームレスの姿は大きく変わりつつある、というのが実感だ。

「アットホームチャンネル」を始めて僕が驚いたのは、スマホを持っているホームレスの方々が驚くほど多いという点だ。今の日本では、街中に誰でも使える無料 Wi-Fi も多数存在する。月々の回線使用料を支払わなくても、無料 Wi-Fi と無料アプリがあれば通話やメッセージのやり取りが可能なのだ。必然的に、Twitter や Instagram などのSNSアカウントを持つホームレスの方も少なくない。実際、僕のところにホームレスの方から届く連絡もSNS 経由が増えているし、炊き出しの情報がTwitterで流れてくることも増えた。

前に話を聴いたホームレスの男性は、TwitterにAmazonのほしい物リストを載せ、フォロワーがリストの品を差し入れとして購入し、当人が暮らす公園まで届けてもらっていた。すべてではないと思うが、Amazonで注文した品物が公園に配達可能だという事実にもかなり驚いた。

ネットが普及していない時代には、ホームレスの方が路上に座り込み、小銭を求めて目の前に空き缶を置いていた。時代は移り変わり、空き缶はほしい物リストに、リアルの小銭はネット上の投げ銭に、姿を変えつつあるのではないか。このような例はまだまだレアケースだが、一昔前では考えられなかった現象を僕は実際に目撃している。

つまり僕たちは、「ホームレス」という言葉が持つ意味を再定義する必要に迫られているのかもしれない。ホームレスの実像は時代とともに変わっているのだ。

家がある。家族がある。お金がある。だけどホームレス、というZ世代のネオホームレス。僕は彼らこそ、令和の時代の新たな形のホームレスだと考えている。

時代が移り変わって変化したのは、ホームレスの方々の生活様式だけではない。家を持たない〝理由〟にも変化が起きている。

そういったことを踏まえると、公園に住んでいないから、路上に住んでいないから、お金があるから、家族がいるから、という理由で「これはホームレスではない」とカテゴライズするのは、どうしても腑に落ちないのだ。

金銭的な理由で家がないのと同じように、〝精神的な理由で居場所がない〟というのも重要視するべき問題だと僕は思う。

貧困など、目に見えるものだけでは語れない。Z世代のネオホームレスは、自分たちが〝最も息のしやすい場所〟を求めて漂流しているのではないか。

我々の認識も、今まさにアップデートを求められているのかもしれない。

青柳貴哉

参考文献

P86: 厚生労働省「人口動態統計」（年次別にみた夫妻が親権を行う子の数別離婚件数及び百分率・親が離婚した未成年の子数及び率）2019年調査・2020年9月公開

著　者

青柳貴哉

1981年生まれ、福岡県出身。お笑いコンビ「ギチ」として、2017年まで吉本興業に所属。現在はYouTubeにて、ホームレスの実態に迫るドキュメント番組「アットホームチャンネル」を運営。これまで延べ100名以上のホームレスを取材。お笑い芸人の仕事で培った話術や構成スキルを駆使し、取材対象者のリアルな本音やストーリー性のある動画が高い評価を受けている。チャンネル開設後約2年で、登録者数は10万人（2023年3月現在）を突破。

YouTube：「アットホームチャンネル」
Twitter：@AoyagiTakaya

STAFF LIST

カバーモデル　戦慄かなの

1998年生まれ。Z世代を中心に絶大な人気を誇るアイドルグループ「femme fatale」メンバー。幼少期から母親の虐待により家出を繰り返し、中学2年の時に自殺未遂。高校時代は、JKビジネスや窃盗事件などに関与し、女子少年院に送致。更生後はアイドルやモデルとして活躍するほか、NPO法人「bae -ベイ-」代表理事も務める。自身の経験を生かし、児童虐待や育児放棄をなくす活動に尽力。
Twitter: @FABkanano
Instagram: @fabkanano
YouTube:「戦慄かなの」

写真／藤井大介

ブックデザイン　三森健太（JUNGLE）
DTP　尾関由希子
校正　ぴいた
取材協力　山岸南美
編集　伊藤甲介（KADOKAWA）

Z《ゼット》世《せ》代《だい》のネオホームレス

自《みずか》らの意思《いし》で
家《いえ》に帰《かえ》らない子《こ》どもたち

2023年4月3日　初版発行

著　　者　青柳 貴哉《あおやぎ たかや》
発 行 者　山下 直久
発　　行　株式会社KADOKAWA
〒102-8177　東京都千代田区富士見2-13-3
電話0570-002-301（ナビダイヤル）
印 刷 所　大日本印刷株式会社

●お問い合わせ
https://www.kadokawa.co.jp/（「お問い合わせ」へお進みください）
※内容によっては、お答えできない場合があります。
※サポートは日本国内のみとさせていただきます。
※Japanese text only

定価はカバーに表示してあります。

ISBN 978-4-04-681753-2　C0036